Une Nouvelle
GENERATION
DE LA FIN DES
TEMPS

CHRIS FIRE

REMERCIEMENTS

Merci à ma chère épouse et mes enfants pour leur patience , support et encouragements dans le développement de cet ouvrage.

Ma mère, Rose L'amour, Merci pour toutes vos prières and intercessions. Vos encouragements et paroles de bénédictions ont été un facteur de motivation majeur. Que cet oeuvre soit une prévue de plus pour vous que le Bon Dieu continue a exauce vos prières.

Pour finir, j'aimerais remercier tous les membres de mon Église, Revival Center, pour vos soutiens et prières. Que Dieu vous bénisse amplement.

DEDICACE

Je dédie ce livre à Mon frère Honore Njibikila. Vous êtes non seulement un grand frère, mais un père, un mentor et un confident. Merci d'avoir toujours cru en moi quand bien même les doutes m'accablaient. Merci infiniment pour m'avoir mis sur le chemin de Dieu et sur tout pour l'inspiration de m'accrocher a la promesse divine. Que le Seigneur continue à faire de vous un pilier pour cette génération et les générations à venir.

CONTENU

CHAPITRE 1
Le Reste du Peuple

Nous vivons dans des temps et des saisons prophétiques comme prédit par notre Seigneur Jésus-Christ, des temps de grands signes, d'émerveillements et de l'effusion surnaturelle du Saint-Esprit. Bien que, ce soient aussi des moments de grand doute et de défis intimidants. Les guerres éclatent partout. Les tremblements de terre, les calamités, les catastrophes, la pauvreté et les maladies détruisent les nations. Le péché a exponentiellement accru, et la crainte de Dieu a diminué. Les choses autrefois considérées inacceptable sont déclarées aujourd'hui normales.

Même pire, ce changement fondamental de direction a envahi l'église et fait qu'il est très difficile de faire une distinction claire entre croyants et non-croyants. L'église a renoncé à l'autorité qui lui a été donné par Dieu pour gouverner et avoir la domination sur la terre. Au lieu d'être la dernière autorité sur terre et de montrer la direction au monde, l'église se tourne vers le monde pour chercher des directions.

Il fut une époque ou les rois et souverains consultaient les prophètes de Dieu pour savoir comment gouverner leurs pays. Cependant, les souverains, gouvernements et le peuple de Dieu aujourd'hui ont recours aux médiums et voyants pour leur indiquer le chemin à suivre et ils se trempent dans la sorcellerie pour obtenir de la puissance. Néanmoins, Dieu dans Sa sagesse infinie a toujours conservé un vestige du peuple qui accomplira Ses desseins sur terre et résistera aux pressions et normes sociétaires tout en vivant dans une obéissance totale à Dieu.

Au début de la Bible, Dieu préserva Noé et sa famille, pourtant Il détruisit le reste du monde par un grand déluge. Avant la venue du déluge, Noé avait prévenu une génération entière de se repentir de leurs mauvaises voies, cependant pas une seule personne ne prêta attention à son avertissement. Nous savons qu'il a prévenu une génération entière parce qu'il est écrit dans la Bible dans Genèse 6, 3, "Alors l'Éternel dit : Mon esprit ne restera pas à toujours dans l'homme, car l'homme n'est que chair, et ses jours seront de cent vingt ans." (LS)

Peu après, Dieu donna des directives à Noé sur la construction de l'arche (un type de Christ) afin de préserver sa vie, sa famille et tous les animaux, le reste, qui repeupleraient le monde et rétabliraient l'ordre originelle.

Le roi Nebucadnetsar, souverain de l'Empire néo-Babylonien, détruisit Jérusalem et emmena Israël en captivité. Nebucadnetsar fit une image sculptée et convoqua les princes, gouverneurs, capitaines, juges, trésoriers, conseillers, shérifs et tous les autres dirigeants des provinces pour assister à la dédicace de l'image. Tous avaient été ordonnés de se prosterner devant l'image au son de la musique. Tous à l'exception de trois garçons hébreux obéirent aux commandements du roi. Seules Schadrac, Méschac et Abed Nego refusèrent d'adorer l'image, choisissant plutôt d'honorer Dieu, au risque d'être jetés dans la fournaise ardente.

Les jeunes Hébreux dirent au roi que leur Dieu était capable de les délivrer, mais même s'Il ne le faisait pas, ils ne se prosterneraient pas devant l'image du roi. Le roi était furieux et les firent jeter dans la fournaise ardente. La chaleur était si intense qu'elle tua les hommes qui les avaient jetés dans la chaudière, mais Dieu étant fidèle, préserva Ses fidèles.

Daniel 3, 24-25, 27 nous dit ce qui arriva ensuite:
*Alors le roi Nebucadnetsar fut effrayé, et se leva
précipitamment. Il prit la parole, et dit à ses
conseillers: N'avons-nous pas jeté au milieu du feu
trois hommes liés? Ils répondirent au roi:
Certainement, ô roi!*

Il reprit et dit : *Eh bien, je vois quatre hommes sans
liens, qui marchent au milieu du feu, et qui n'ont
point de mal; et la figure du quatrième ressemble à
celle d'un fils des dieux*

Les satrapes, les intendants, les gouverneurs, et les conseillers du roi s'assemblèrent; ils virent que le feu n'avait eu aucun pouvoir sur le corps de ces hommes, que les cheveux de leur tête n'avaient pas été brûlés, que leurs caleçons n'étaient point endommagés, et que l'odeur du feu ne les avait pas atteints.

Pendant le règne de Roi Achab sur Israël, la reine Jézabel publia un décret pour tuer tous les prophètes de Dieu. Mais Dieu préserva un reste de prophètes qui refusèrent de se prosterner devant Baal. Dans 1 Rois 19, la Bible raconte l'histoire d'Eli, un prophète qui démontra devant le peuple d'Israël et les prophètes de Baal que le Dieu d'Israël était le Dieu vrai. Subséquemment, il ordonna l'exécution de tous les prophètes de Baal.

Jézabel fut folle de rage lorsqu'elle entendit parler des activités d'Eli et jura de mettre fin à la vie d'Eli. Eli croyant que Jézabel avait tué tous les prophètes de Dieu et qu'il était le prochain sur la liste, s'enfuit pour sa vie. Alors Dieu parla à Eli, "Mais je laisserai en Israël sept mille hommes, tous ceux qui n'ont point fléchi les genoux devant Baal, et dont la bouche ne l'a point baisé. " (1 Rois 19, 18, LS).

A l'époque de notre Seigneur Jésus-Christ, le reste était les disciples qui suivirent fidèlement les préceptes de Christ et qui abandonnèrent tout afin d'accomplirent Ses desseins. Dans le livre d'Apocalypse, nous voyons un autre reste; trop nombreux pour être compté, ils sont connus sous le nom de la "grande foule". La vérité est que dans chaque génération depuis le temps de la Bible jusqu'à aujourd'hui, Dieu s'est toujours préservé un reste. La question est, êtes-vous ou voulez- vous faire partie du reste de Dieu?

Durant mon temps de prière, Dieu me parla et me demanda de sonner la trompette et de réveiller Son peuple; c'est la raison pour laquelle j'ai écrit ce livre. Dieu est dans le mode de recrutement pour une nouvelle génération qui sera sanctifiée et sera consacrée à faire avancer la cause de Sion sur la terre. À travers la prière et la démonstration de Sa puissance, ce reste réclamera les nations du monde pour Lui.

Il y a un désir dans le monde de vérité et de direction. Malheureusement, ce désir a déclenché la montée de beaucoup de fausses sectes religieuses. Les gens sont à la recherche de la vérité, mais ils la cherchent aux mauvais endroits. La Bible déclare que toute la création, en signifiant tous les êtres-humains et toutes les créatures vivantes, attendent avec un ardent désir la révélation des fils de Dieu (Romains 8, 19). Mais seuls les fils de Dieu (ce terme inclut les sexes masculin et féminins) ont ce que le monde recherche : Jésus.

Le reste de la fin des temps de Dieu est une génération comme aucune autre, une nouvelle espèce composée des vrais fils de Dieu. Ce sont des fils qui sont zélés de plaire à leur Père. Ils ressemblent à leur Père, ils détestent ce qu'Il déteste et aiment ce qu'Il aime. Ils ne se prosterneront pas aux ordres de ce système mondial qui encourage l'indulgence dans le péché et le mal.

Cette génération de la fin des temps que Dieu élève supplante toute culture, toute race, tout pays, toute couleur et valeur. Cette génération de la fin des temps n'appartient pas à une église ou une dénomination particulière. Il ne s'agit pas de qui est votre pasteur ou l'endroit où vous allez à église; il s'agit de qui est votre Dieu et celui que vous servez.

La génération de la fin des temps de Dieu est Sa possession. Elle lui appartient, et elle vit pour Lui. Ceux sont des gens qui l'aiment et qui sont déterminés à le glorifier dans chaque domaine de leurs vies, peu importe ce que ça demandera. Dieu a ses yeux sur cette génération parce que c'est sa dernière arme pour abattre les forteresses, libérer les captifs, proclamer son amour et sa miséricorde aux nations du monde, et accomplir sa mission de prêcher l'évangile jusqu'à ce que Jésus Christ apparaisse dans les nuages de gloire. Pour dire les choses simplement, la génération de la fin des temps de Dieu est radicale.

Êtes-vous un fils? Êtes-vous un fils vrai? Si oui, le ciel dépend de vous, et le monde entier vous attend. Êtes-vous prêt à relever le défi? Alors menons la guerre!

CHAPITRE 2
Le diable est déchainé:
Connaissez son Modus Operanti

Apocalypse 12, 7-12 dit:
Et il y eut guerre dans le ciel. Michel et ses anges combattirent contre le dragon. Et le dragon et ses anges combattirent, mais ils ne furent pas les plus forts, et leur place ne fut plus trouvée dans le ciel.

Et il fut précipité, le grand dragon, le serpent ancien, appelé le diable et Satan, celui qui séduit toute la terre, il fut précipité sur la terre, et ses anges furent précipités avec lui. Et j'entendis dans le ciel une voix forte qui disait : Maintenant le salut est arrivé, et la puissance, et le règne de notre Dieu, et l'autorité de son Christ; car il a été précipité, l'accusateur de nos frères, celui qui les accusait devant notre Dieu jour et nuit. Ils l'ont vaincu à cause du sang de l'agneau et à cause de la parole de leur témoignage, et ils n'ont pas aimé leur vie jusqu'à craindre la mort. C'est pourquoi réjouissez-vous, cieux, et vous qui habitez dans les cieux. Malheur à la terre et à la mer! Car le diable est descendu vers vous, animé d'une grande colère, sachant qu'il a peu de temps.

Dans Apocalypse 12, la Bible parle d'une guerre qui a eu lieu dans le ciel entre l'archange Michael (le ministre de la défense) et le dragon (le diable). Cette guerre a eu lieu durant l'époque préadamique et a résulté en la proscription du diable du ciel à cause de sa rébellion. Apocalypse 12, 12 met l'accent sur l'urgence de la mission de cet ennemi : " Malheur à la terre et à la mer! Car le diable est descendu vers vous, animé d'une grande colère, sachant qu'il a peu de temps ». Cependant, l'église aujourd'hui sous-estime [la longueur, la profondeur et la largeur de cet ennemi que nous combattons].

Dans Esaïe 14, la Bible fait référence au diable comme étant un "ange de lumière". Originairement il était un archange assigné à louer et à adorer dans le ciel. Dans sa rébellion, il a séduit un tiers des anges qui servaient le Dieu tout-puissant et les a convaincus à le joindre dans la rébellion contre Dieu. Si le diable a été capable de séduire tant d'anges dans le ciel là où la présence de Dieu demeure, vous pouvez donc avoir une idée du genre d'ennemi auquel nous faisons face. Je n'élève pas l'ennemi au-dessus de notre Dieu, et je n'essaie pas non plus de faire l'éloge de sa force; mais la Bible dit que nous devons connaitre notre ennemi et ses tactiques de peur qu'il ait un avantage sur nous.

Les armées gagnent les batailles en connaissant les stratégies de leurs ennemis et en concevant une contre-stratégie pour subvertir les plans de leurs ennemis. De la même façon, la génération de la fin des temps doit connaître le Modus Operanti de l'ennemi, afin d'être efficace et effectif. Dans Jean 10, 10, Jésus a exposé la triple stratégie de l'ennemi : "Le voleur [le diable] vient seulement pour voler, tuer et détruire."

DÉROBER

Peut-être que l'aspect le plus dangereux de la mission de l'ennemi est son objectif de dérober. C'est le plus dangereux parce que c'est le plus subtil; ça peut facilement passer inaperçu. Si l'ennemi arrive à dominer à ce niveau, il sera alors capable d'opprimer et d'accomplir son but ultime qui est de recevoir   la gloire dû à Dieu seul.

Le diable a convoité cette gloire depuis le commencement, lorsqu'il était encore dans le ciel. Cependant, Dieu est jaloux de Sa gloire. Dans Esaïe 42,8, Dieu dit qu'Il ne donnera pas sa gloire à un autre. La seule manière d'accroitre la gloire de Dieu est d'augmenter le nombre de personnes qui la lui donneront.

Le livre d'apocalypse parle de la gloire magnifique rendue à Dieu dans sa maison céleste:

Quand il eut pris le livre, les quatre êtres vivants et les vingt-quatre vieillards se prosternèrent devant l'agneau, tenant chacun une harpe et des coupes d'or remplies de parfums, qui sont les prières des saints. Et ils chantaient un cantique nouveau, en disant: Tu es digne de prendre le livre, et d'en ouvrir les sceaux; car tu as été immolé, et tu as racheté pour Dieu par ton sang des hommes de toute tribu, de toute langue, de tout peuple, et de toute nation; tu as fait d'eux un royaume et des sacrificateurs pour notre Dieu, et ils régneront sur la terre.

Je regardai, et j'entendis la voix de beaucoup d'anges autour du trône et des êtres vivants et des vieillards, et leur nombre était des myriades de myriades et des milliers de milliers. Ils disaient d'une voix forte : L'agneau qui a été immolé est digne de recevoir la puissance, la richesse, la sagesse, la force, l'honneur, la gloire, et la louange.

Apocalypse 5,8-12

Après cela, je regardai, et voici, il y avait une grande foule, que personne ne pouvait compter, de toute nation, de toute tribu, de tout peuple, et de toute langue. Ils se tenaient devant le trône et devant l'agneau, revêtus de robes blanches, et des palmes dans leurs mains. Et ils criaient d'une voix forte, en disant: Le salut est à notre Dieu qui est assis sur le trône, et à l'agneau.

Et tous les anges se tenaient autour du trône et des vieillards et des quatre êtres vivants; et ils se prosternèrent sur leur face devant le trône, et ils adorèrent Dieu, en disant: Amen! La louange, la gloire, la sagesse, l'action de grâces, l'honneur, la puissance, et la force, soient à notre Dieu, aux siècles des siècles! Amen!

Apocalypse 7,9-12

Selon les versets de ces passages, il y a quatre catégories d'êtres dans le ciel qui donnent la gloire à Dieu: les vingt-quatre vieillards, les quatre créatures, les anges et la multitude. Le nombre des vingt-quatre vieillards et des quatre créatures sont fixes à jamais. Ce nombre ne changera jamais. Nous ne pouvons pas changer le nombre des anges non plus. Donc le seul groupe que nous pouvons influencer est la multitude. Nous pouvons avoir un impact sur cette catégorie en augmentant le nombre de personnes qui donnent la gloire à Dieu sur terre, et la seule façon d'augmenter ce nombre est à travers le salut des âmes.

Psaume 21,5 dit, " Sa gloire est grande à cause de ton secours; Tu places sur lui l'éclat et la magnificence". Ce passage révèle la raison pour laquelle la première mission de l'ennemi est de voler le salut des multitudes. Jésus, en versant son sang, s'est déjà approprié le salut pour tous. Il n'y a rien que l'ennemi puisse faire pour empêcher le don du salut. Tout a été accompli quand Christ a pris son dernier souffle et a dit, "tout est accompli." La seule chose que l'ennemi peut faire maintenant s'est d'essayé d'entraver la multitude de réaliser que le don du salut est disponible, ou d'essayer de les empêcher à le recevoir. Il fait ceci en contrôlant l'accès aux entrées des nations et en exploitant l'autosatisfaction aveugle des Chrétien nés de nouveaux.

Cependant, il y a encore beaucoup de gens dans les diverses nations qui n'ont jamais entendu l'évangile de Jésus Christ. Dans certains cas, leurs gouvernements ont empêché que le message de l'évangile de Jésus Christ soit prêché par les missionnaires, les évangélistes et dans les médias. Dans d'autres cas, il n'y a pas assez de missionnaires prêts à renoncer à leur confort pour aller gagner les âmes qui attendent. En outre, beaucoup de croyants ne considèrent pas que ce soit leur responsabilité de gagner des âmes. Ils sont devenus auto-suffisants dans leur marche spirituelle et négligeant dans leur mission assignée par Dieu, qui est de gagner des âmes, bien que les gens partout aient faim de l'évangile de Jésus Christ.

Quand je parle aux croyants, j'aime leur demander combien de fois est ce qu'ils partagent l'évangile de Christ avec les autres. Vous serez surpris de savoir que très peu de gens partage l'évangile régulièrement. Les gens ont toutes sortes de raisons pour lesquelles ils ne croient pas que ce soit leur responsabilité de gagner des âmes pour le royaume de Dieu, mais aucune de ces excuses n'est valide. Un jour ne devrait pas passer sans qu'on ne témoigne à quelqu'un de Jésus Christ. Comme un grand homme de Dieu une fois a dit, l'évangélisation est notre devoir suprême. Toutes les fois que vous ratez l'opportunité de témoigner, vous renoncez à votre dessein sur terre.

L'autre tactique que l'ennemi utilise pour empêcher aux gens de recevoir le salut est le très vieil usage de la tromperie. 2 Corinthiens 4,3-4 fait état de "si notre Évangile est encore voilé, il est voilé pour ceux qui périssent; pour les incrédules dont le dieu de ce siècle a aveuglé l'intelligence, afin qu'ils ne vissent pas briller la splendeur de l'Évangile de la gloire de Christ, qui est l'image de Dieu."

L'ennemi oeuvre pour qu'il soit impossible aux incrédules de voir la lumière de l'évangile. Il les bombarde avec des ténèbres opaques dans le but de bloquer l'entrée de la lumière dans leurs âmes. Le résultat est une génération ou une nation dépourvue de lumière et qui endosse tout genre d'actes iniques tels que l'adoration d'idole, l'avortement, l'homosexualité, l'adultère, la fornication, et la liste continue. L'ennemi trompe des incrédules en leur faisant croire(1) qu'ils peuvent vivre par leurs propres normes et faire ce qui est juste à leurs propres yeux sans répercussions éternelles; et (2) si quelque chose semble bien, alors on peut le faire. Mais nous savons que le salaire du péché c'est la mort; seul le don de Dieu du salut donne la vie éternelle.

La Bible dit comme les flèches dans la main d'un guerrier, ainsi sont les fils de la jeunesse (Psaume 127,4). Les vrais fils de Dieu surviendront et combattront l'ennemi pour les âmes des nations. Les vrais fils de Dieu posséderont les portes de l'ennemi afin que l'évangile puisse accéder aux c?urs des captifs qui sont derrière les portes. Êtes-vous un vrai fils?

Esaïe 66,18-20 dit: "Je connais leurs oeuvres et leurs pensées. Le temps est venu de rassembler toutes les nations et toutes les langues; Elles viendront et verront ma gloire. Je mettrai un signe parmi elles, Et j'enverrai leurs réchappés vers les nations, à Tarsis, à Pul et à Lud, qui tirent de l'arc, à Tubal et à Javan, aux îles lointaines, qui jamais n'ont entendu parler de moi, et qui n'ont pas vu ma gloire; et ils publieront ma gloire parmi les nations. Ils amèneront tous vos frères du milieu de toutes les nations, en offrande à l'Éternel, sur des chevaux, des chars et des litières, sur des mulets et des dromadaires, à ma montagne sainte, à Jérusalem, dit l'Éternel, comme les enfants d'Israël apportent leur offrande, dans un vase pur, à la maison de l'Éternel." Êtes-vous un survivant? Avez-vous la vie éternelle? Si oui, la mission est vôtre de déclarer la gloire de Dieu dans les nations.

Les croyants de la génération de la fin des temps ont deux responsabilités principales. Premièrement, ils doivent s'assurer que la parole de Dieu pénètre les nations: "je choisis la voie de la vérité, Je place tes lois sous mes yeux " (Psaume 119,30). Deuxièmement, ils sont appelés à posséder les nations: " Demande-moi et je te donnerai les nations pour héritage, les extrémités de la terre pour possession; " (Psaume 2,8). Quand les guerriers de la fin des temps assument ces responsabilités volontiers, la tactique de l'ennemi pour voler le salut est contrecarré.

TUER

Si l'ennemi n'est pas capable de voler, alors il va à l'offensive et essaie de tuer. De quoi l'ennemi a t-il peur et donc veut tuer? Il a peur des paroles prophétiques pour nos vies. Une des missions principales de l'esprit de mort dans nos vies, par conséquent, est de faire taire la voix prophétique.

Pour illustrer, nous allons voir comment l'ennemi a essayé de tuer la parole prophétique dans la vie de Moïse et de Jésus Christ.

MOÏSE

Exode 1,6-9 dit: « Joseph mourut, ainsi que tous ses frères et toute cette génération-là. Les enfants d'Israël furent féconds et multiplièrent, ils s'accrurent et devinrent de plus en plus puissants. Et le pays en fut rempli. Il s'éleva sur l'Égypte un nouveau roi, qui n'avait point connu Joseph. Il dit à son peuple: Voilà les enfants d'Israël qui forment un peuple plus nombreux et plus puissant que nous » (LS).

Les versets 15 et 16 continuent: « Le roi d'Égypte parla aussi aux sages-femmes des Hébreux, nommées l'une Schiphra, et l'autre Pua. Il leur dit: Quand vous accoucherez les femmes des Hébreux et que vous les verrez sur les sièges, si c'est un garçon, faites-le mourir; si c'est une fille, laissez-la vivre »(LS).

D'après le verset 17, « Mais les sages-femmes craignirent Dieu, et ne firent point ce que leur avait dit le roi d'Égypte; elles laissèrent vivre les enfants. »

Dans la réponse, « Le roi d'Égypte appela les sages-femmes, et leur dit: Pourquoi avez-vous agi ainsi, et avez-vous laissé vivre les enfants? » (Le verset 18, LS). L'histoire conclut dans le verset 22: « Alors Pharaon donna cet ordre à tout son peuple: Vous jetterez dans le fleuve tout garçon qui naîtra, et vous laisserez vivre toutes les filles»(LS).

Après que Pharaon ait publié ce décret, Moïse, le fils d'un homme et d'une femme Lévite, et un descendant d'Abraham, fut né. Moïse avait déjà été choisi par Dieu pour conduire son peuple hors d'Egypte et dans la terre de Canaan. Mais bien avant sa naissance, l'ennemi savait que l'enfant de promesse qui accomplirait la parole prophétique donné à Abraham naîtrait, par conséquent, il essaya de tuer la parole prophétique avant qu'elle ne puisse prendre racine. Sa tactique était double: (1) il a essayé de tuer tous les mâles, les porteurs de la semence, pour empêcher les descendants d'Abraham de se multiplier. (2) Il a essayé de tuer Moïse, la personne destinée à conduire les descendants d'Abraham hors d'Egypte et dans la terre promise.

JÉSUS

La situation de Jésus était semblable à celle de Moïse. Après qu'Adam et Eve aient été trompées et aient désobéi à Dieu, Dieu maudit le serpent puis prophétisa, en disant, «Je mettrai inimitié entre toi et la femme, entre ta postérité et sa postérité : celle-ci t'écrasera la tête, et tu lui blesseras le talon» (Genèse 3,15). Jésus représentait la postérité qui écraserait la tête du serpent; ainsi, dans Mathieu 2,16, Hérode ordonna qu'on tue tous les garçons de Bethléem et du voisinage qui avaient deux ans et moins, ce qui aurait inclus Jésus.

Le diable est après la parole prophétique pour votre vie et la vie des nations. Si tuer la parole prophétique implique prendre votre vie, il essaiera de le faire. S'il doit créer des événements et des circonstances pour vous empêcher d'entrer dans l'accomplissement de la parole prophétique, il le fera. Par exemple, vous pouvez être appelés à prêcher l'évangile aux nations comme un missionnaire, mais l'ennemi peut essayer d'entraver à votre appel en vous emmenant à avoir des dettes dans votre vie. Il peut essayer de contrôler votre progrès dans le royaume de Dieu en vous obligeant aux créanciers et vous mettant dans une position où vous devez constamment travailler pour rembourser vos dettes. La même circonstance pourrait être vraie pour quelqu'un qui serait appelé à financer l'évangile. Peut-être que la raison pour laquelle Dieu a dit « Je vous donne ma paix » était pour annuler les tentatives de l'ennemi de créer des situations (comme les dettes) qui nous emmèneraient à perdre notre paix.

Une des paroles prophétiques de Dieu concernant les nations est que le monde soit rempli de la connaissance de la gloire de Dieu comme les eaux couvrent la mer. L'ennemi combat cette parole en rendant la propagation de l'évangile difficile dans certains pays. Mais étant la génération de la fin des temps de Dieu, nous devons activer la parole prophétique sur les nations et prier pour sa manifestation. Nous avons déjà le soutien du ciel.

Nous devons invoquer les puissances du ciel en notre faveur pour la manifestation de la parole prophétique, non seulement pour nous-mêmes mais aussi pour les nations, à travers une prière d'intercession intense et implacable. C'est le type de prière qui ont fait venir Moïse et Jésus Christ afin qu'ils accomplissent la volonté de Dieu.

Exode 2,23 indique, «Longtemps après, le roi d'Égypte mourut, et les enfants d'Israël gémissaient encore sous la servitude, et poussaient des cris. Ces cris, que leur arrachait la servitude, montèrent jusqu'à Dieu». Quelques versets plus tard, nous voyons la réponse de Dieu à cette prière dans le chapitre prochain :

Et le Seigneur a dit: « L'Éternel dit: J'ai vu la souffrance de mon peuple qui est en Égypte, et j'ai entendu les cris que lui font pousser ses oppresseurs, car je connais ses douleurs. Je suis descendu pour le délivrer de la main des Égyptiens, et pour le faire monter de ce pays dans un bon et vaste pays, dans un pays où coulent le lait et le miel, dans les lieux qu'habitent les Cananéens, les Héthiens, les Amoréens, les Phéréziens, les Héviens et les Jébusiens. Voici, les cris d'Israël sont venus jusqu'à moi, et j'ai vu l'oppression que leur font souffrir les Égyptiens. Maintenant, va, je t'enverrai auprès de Pharaon, et tu feras sortir d'Égypte mon peuple, les enfants d'Israël».

Exode 3,7-10

Beaucoup de gens de fois différentes ont réclamé à plusieurs occasions le sauveur d'Israël, Jésus Christ. «Il y avait aussi une prophétesse, Anne, fille de Phanuel, de la tribu d'Aser. Elle était fort avancée en âge, et elle avait vécu sept ans avec son mari depuis sa virginité. Restée veuve, et âgée de quatre vingt-quatre ans, elle ne quittait pas le temple, et elle servait Dieu nuit et jour dans le jeûne et dans la prière. Étant survenue, elle aussi, à cette même heure, elle louait Dieu, et elle parlait de Jésus à tous ceux qui attendaient la délivrance de Jérusalem. » (Luc 2,36-38). Jusqu'à ce que nous, comme Anne, nous levions dans la prière intensive, désespérée et agonisante, le diable tuera toujours la parole prophétique dans nos vies. Nous pouvons être comblés de promesses de Dieu, mais ne verrons aucune manifestation, parce que la seule manière de voir l'accomplissement de la parole prophétique est par la prière.

DÉTRUIRE

L'objectif ultime de l'ennemi est de détruire nos vies; en fait, quelquefois il est appelé le « destructeur». Le mot détruire veut tout simplement dire éradiquer, annihiler, et apporter au stade de non réparation.

Je pensais originairement que la Bible aurait dû dire que l'ennemi vient pour voler, détruire, et tuer dans cet ordre mais le Saint-Esprit m'a montré que détruire a un plus grand impact que tuer. Si quelque chose est volé, il peut être récupéré; si quelque chose meurt, il peut être ressuscité et être restauré à son état original (regardez Lazare). Mais si quelque chose est détruit, c'est au delà du stade de réparation; cela doit être complètement reconstruit ou reconstituer.

Quand les Philistins dominaient sur Samson, sa vie et son ministère ont été détruits. Si vous lisez son histoire attentivement, vous verrez qu'il devait recommencer. Ses cheveux ont dû repousser pendant longtemps, et sa force a dû encore accroitre avant qu'il ne puisse se venger de ses ennemis. De la même manière, l'objectif de l'ennemi est de nous détruire, parce qu'à chaque fois qu'il réussit à détruire un domaine de nos vies, il nous ramène à la ligne de départ. Ceci nous contraint à investir du temps supplémentaire pour rebâtir quelque chose que nous avions auparavant. C'est la triste réalité pour tant de gens qui rebâtissent leurs vies, leurs relations, leurs fonds de commerce ou d'autres choses qu'ils avaient auparavant.

Mais je suis reconnaissant que le Dieu que nous servons ait fait des prévisions dans sa Parole pour toute arme que l'ennemi utiliserait contre nous. Ce n'est pas la fin quand les choses dans nos vies sont détruites. Nous pouvons ramasser encore les morceaux cassés et recommencer encore, parce que notre Dieu est le Dieu de deuxièmes chances. Quand la vie de Samson a été détruite et il était esclave de ses ennemis, il a réclamé une deuxième chance à Dieu. Dieu a restauré ses cheveux qui représentaient sa force. La Bible nous dit encore que Samson a tué plus de Philistins à la fin de sa vie, qu'il n'avait jamais tué durant toutes les années de sa vie.

L'ennemi vient pour voler, tuer et détruire, mais Christ est venu afin que nous ayons la vie éternelle et la vie en abondance.

25

Une fois que nous comprenons vraiment le don de la vie éternelle de Christ, nous serons capables de nous battre pour la manifestation de cette vie dans chaque domaine de nos vies. Si une situation paraît impossible, elle devient possible une fois nous recevons le don de la vie. Si la paix est absente, la plénitude de la vie de Christ la fait entrer. Si la pauvreté abonde, la vie de Christ apporte des richesses. En Christ, la plénitude de vie vainc chaque tentative de l'ennemi de voler, tuer et détruire.

CHAPITRE 3
État d'urgence

Quand l'alarme incendie sonne dans un bâtiment, vous devez évacuer les locaux, peu importe ce que vous faites. Dans un état d'urgence national, un gouvernement déclare un état d'alerte pour prévenir ses citoyens du danger qui menace et pour leur recommander des manières de changer leurs comportements et actions habituels. Par exemple, après l'attaque terroriste du 11 Septembre, le gouvernement Américain a commencé à alerter ses citoyens à d'éventuelles attaques terroristes en utilisant plusieurs codes. Le code orange représente un risque très élevé d'attaque terroriste, et toutes les fois qu'un code orange a été déclaré, tout le monde a été vivement conseillé de faire beaucoup plus attention à son environnement.

Je crois que le ciel a déclaré un état d'urgence aujourd'hui, en alertant ses citoyens, le corps du Christ, a être vigilant et sobre. Maintenant plus que jamais, les citoyens du royaume de Dieu doivent être bien informés sur le monde spirituel. Cependant, beaucoup ignorent les signes envoyés du ciel et mènent leurs vies en désynchronisation avec le temps de Dieu.

COMPRENDRE LES TEMPS

1 chroniques 12,32, Des fils d'Issacar, ayant l'intelligence des temps pour savoir ce que devait faire Israël, deux cents chefs, et

tous leurs frères sous leurs ordres. L'intelligence des temps est une capacité cruciale pour chaque être humain, dans le domaine naturel tout comme dans les domaines spirituels. Connaitre les saisons, par exemple, nous permet de nous habiller conformément et de bien planifier. Nous ne portons pas de vêtements d'été en hiver et vice versa si nous voulons être confortables et à même de fonctionner dans la saison présente.

Juste comme il y a une saison dans le monde physique, il y a aussi une saison dans le monde spirituel. Bien que la plupart des gens comprennent bien le calendrier physique, ils n'arrivent pas souvent à comprendre le calendrier spirituel. Mais les fils d'Issacar comprenaient les temps et les saisons dans le monde spirituel; et par conséquent, ils savaient toujours ce qu'Israël devait faire et avait leurs frères étaient sous leurs ordres. En comprenant les temps, ils étaient capables de comprendre la pensée de l'esprit de Dieu et donner la direction au peuple d'Israël.

La compréhension des temps spirituels est accordée à ceux qui passent du temps avec Dieu dans la prière. Quand vous lisez les saintes écritures pourtant, vous noterez que chaque personne qui avait une compréhension des temps était une personne qui se donnait à la prière et à l'intercession. Daniel était une telle personne. Puis qu'il comprenait les temps, Daniel a été conduit à intercéder pour la sortie de captivité d'Israël: la première année de son règne, moi, Daniel, je vis par les livres qu'il devait s'écouler soixante-dix ans pour les ruines de Jérusalem, d'après le nombre des années dont l'Éternel avait parlé à Jérémie, le prophète. Je tournai ma face vers le Seigneur Dieu, afin de recourir à la prière et aux supplications, en jeûnant et en prenant le sac et la cendre. (Daniel 9, 2-3).

Daniel faisait référence au passage dans les saintes écritures dans Jérémie 25,11 qui déclare, *Tout ce pays deviendra une ruine, un désert, et ces nations seront asservies au roi de Babylone pendant soixante-dix ans (LS)*. Daniel avait compris que c'était le temps fixé par Dieu pour agir parmi les enfants d'Israël puisque ça faisait déjà soixante-dix ans qu'ils étaient en captivité. Il s'est donc adonné à la prière et au jeûne afin que Dieu agisse et libère son peuple.

Je crois que la raison pour laquelle tant de Chrétiens passent leurs vies confus et désorientés est reliée au fait qu'ils ne passent pas de temps dans la prière, et par conséquent ne comprennent pas les temps et saisons de leurs vies. Mais quand vous comprenez le temps spirituel ou le Kairos, vous êtes mieux équipés à gérer positivement les situations et circonstances dans le temps naturel (Chronos), puis que le spirituel supplante et contrôle toujours le naturel.

Même les démons ont cette compréhension des temps. Nous voyons cela illustré dans Mathieu 8,28-29 : *Lorsqu'il fut à l'autre bord, dans le pays des Gadaréniens, deux démoniaques, sortant des sépulcres, vinrent au-devant de lui. Ils étaient si furieux que personne n'osait passer par là. Et voici, ils s'écrièrent : Qu'y a-t-il entre nous et toi, Fils de Dieu? Es-tu venu ici pour nous tourmenter avant le temps?*

Ce sujet de la compréhension du temps est si important parce que si vous ne l'avez pas, vous raterez votre temps de visitation. Dans Mathieu 16,2-4, Jésus a déclaré clairement ceci aux Pharisiens : «Jésus leur répondit: Le soir, vous dites : Il fera beau, car le ciel est rouge; et le matin: Il y aura de l'orage aujourd'hui, car le ciel est d'un rouge sombre. Vous savez discerner l'aspect du ciel, et vous ne pouvez discerner les signes des temps. Une génération méchante et adultère demande un miracle; il ne lui sera donné d'autre miracle que celui de Jonas. Puis il les quitta, et s'en alla.»

Jésus a traité d'hypocrites les pharisiens parce qu'ils savaient comment discerner le temps naturel mais n'arrivaient pas à comprendre le temps spirituels. Ils savaient que le Messie venait, et ils l'attendaient; mais parce qu'ils ne comprenaient jamais le chronomètre Dieu, ils ont raté le temps de leur visitation.

RACHETER LE TEMPS

Ephésiens 5, 15-21 donne pas mal d'instructions au sujet de l'usage sage du temps. Lisons le passage dans son intégralité, puis examinons-le verset par verset :

Prenez donc garde de vous conduire avec circonspection, non comme des insensés, mais comme des sages; rachetez le temps, car les jours sont mauvais. C'est pourquoi ne soyez pas inconsidérés, mais comprenez quelle est la volonté du Seigneur. Ne vous enivrez pas de vin : c'est de la débauche. Soyez, au contraire, remplis de l'Esprit; entretenez-vous par des psaumes, par des hymnes, et par des cantiques spirituels, chantant et célébrant de tout votre c?ur les louanges du Seigneur; rendez continuellement grâces pour toutes choses à Dieu le Père, au nom de notre Seigneur Jésus Christ, vous soumettant les uns aux autres dans la crainte de Christ.

L'apôtre Paul dans Ephésiens 5 parle du besoin des enfants de Dieu de se séparer de tout genre de péchés. Dans le verset 15, il dit, *Prenez donc garde de vous conduire avec circonspection, non comme des insensés, mais comme des sages.* Cela nous fait savoir que dans cette vie nous pouvons nous conduire comme des insensés ou comme des enfants de Dieu sages. Paul nous encourage à nous conduire comme des sages, mais comment est-ce qu'une personne sage se conduit?

La réponse se trouve dans le verset 16 : *rachetez le temps, parce que les jours sont mauvais.* Une autre traduction nous conseille vivement de profiter de chaque occasion. Ce n'est plus le moment de nous asseoir et de laisser passer les occasions de partager l'évangile. Nous ne savons pas si nous sommes les dernières personnes que le Seigneur envoie pour partager la bonne nouvelle à un individu en particulier. Nous ne pouvons plus nous asseoir dans nos églises en espérant que les même visiteurs reviendront Dimanche matin et avec un peu de chance donneront leur vies à Christ. Il est temps d'emmener Jésus dans nos collectivités, lieux de travail, rues et lieux publics. C'est le temps d'être agressif avec l'évangile. Le diable ne gaspille pas le temps, et nous ne devons pas le faire non plus.

Vous pouvez accepter que nous devons racheter le temps, mais vous vous demandez comment vu que le temps est un don périssable. Dans le verset 17 de notre passage, l'apôtre donne la clé au rachat du temps : comprendre la volonté de Dieu. Nous vivons dans des temps où nous ne pouvons pas nous permettre de rater la volonté de Dieu pour nos vies, familles, villes, collectivités et nations. Si nous voulons racheter le temps, nous devons comprendre en premier le plan de Dieu pour nos vies et ensuite commencer à entrer dans ce plan.

Je suis venu à comprendre que le premier et plus important plan de Dieu pour tous ses enfants, c'est qu'ils partagent l'évangile et gagnent des âmes. C'est la raison principale pour laquelle vous et moi sommes encore ici sur terre. J'ai dit une fois à un pasteur que Dieu et le diable sont tous les deux préoccupés par les âmes. Tout ce que Dieu fait en nous et à travers nous est dans le but de créer des opportunités pour gagner plus d'âmes pour le royaume, et tout ce que le diable fait vise à garder une âme en plus dans les ténèbres. Par exemple, si le plan de Dieu est d'atteindre votre collègue à travers vous, mais tous les jours vous ignorez cette personne et ne lui parlez jamais de Jésus, vous privez cette personne de l'opportunité d'être épargnée. À moins que vous compreniez la volonté de Dieu pour vous, vous ne serez pas proactif et ne ferez pas que chaque seconde de votre existence sur terre compte.

OÙ SONT LES HOMMES PUISSANTS?

Les hommes puissants de Christ aujourd'hui sont distraits, des sentinelles ensommeillées qui doivent se réveiller. Une alerte sonne du ciel pour réveiller les hommes puissants : «Publiez ces choses parmi les nations! Préparez la guerre! Réveillez les héros! Qu'ils s'approchent, qu'ils montent, tous les hommes de guerre! De vos hoyaux forgez des épées, et de vos serpes des lances! Que le faible dise : Je suis fort! » (Joël 3, 9-10).

C'est une grande illusion de vivre en période de guerre comme si on est dans une période de paix. L'église aujourd'hui ignore le son de la trompette et vit nonchalamment dans des temps de guerre. Je ne parle pas d'une guerre physique, mais le combat spirituel auquel nous faisons tous face. Nous ne luttons pas contre la chair et le sang, mais contre des principautés et des puissances dans les hauts lieux. L'ennemi a réussi à pénétrer et détruire beaucoup de vies et ministères parce que l'église a refusé de prendre le manteau de sentinelle sur les murailles.

La Bible dit dans le dernier des jours le mal accroîtra. En effet, notre adversaire, le diable, a lancé une attaque acharnée contre le peuple de Dieu. Il y a une croissance de calamités naturelles, maladies, divorces, drogues et suicides et une baisse significative de la manifestation des promesses de Dieu dans la vie du peuple de Dieu.

Dieu nous dit aujourd'hui : « L'ennemi s'est levé contre mon peuple, leurs familles, et bien-aimés. L'ennemi est après vous, et j'ai besoin d'un homme ou d'une femme qui peut faire la guerre contre le diable par la prière et le combat spirituel. J'ai besoin d'une voix à Sion qui peut s'écrier et combattre pour les destins des églises, des familles, des collectivités, des villes et des nations. »

Donc partout où vous êtes, enfant de Dieu, je vous dis, «

Réveillez-vous, dans le nom de Jésus! Sortez de votre sommeil, ramassez votre épée et chassez le diable de votre famille, église, collectivité et nation » Au nom de Jésus, qu'il en soit ainsi!

CHAPITRE 4
Connaitre Dieu pour soi-même

La Bible parle du Roi Nebucadnetsar qui construisit une image sculptée et força tous les citoyens de Babylone à adorer cette image au son de la trompette. C'était un décret satanique pour interdire aux gens qui connaissaient le vrai Jéhovah de l'adorer:

Ce que Nebucadnetsar répondit et leur dit, Nebucadnetsar prit la parole et leur dit : Est-ce de propos délibéré, Schadrac, Méschac et Abed Nego, que vous ne servez pas mes dieux, et que vous n'adorez pas la statue d'or que j'ai élevée?

Maintenant tenez-vous prêts, et au moment où vous entendrez le son de la trompette, du chalumeau, de la guitare, de la sambuque, du psaltérion, de la cornemuse, et de toutes sortes d'instruments, vous vous prosternerez et vous adorerez la statue que j'ai faite; si vous ne l'adorez pas, vous serez jetés à l'instant même au milieu d'une fournaise ardente. Et quel est le dieu qui vous délivrera de ma main?

Schadrac, Méschac et Abed Nego répliquèrent au roi Nebucadnetsar: Nous n'avons pas besoin de te répondre là-dessus. Voici, notre Dieu que nous servons peut nous délivrer de la fournaise ardente, et il nous délivrera de ta main, ô roi. Simon, sache, ô roi, que nous ne servirons pas tes dieux, et que nous n'adorerons pas la statue d'or que tu as élevée.

Daniel 3:14-18, (LS)

Il y a les lois et décrets sataniques qui sont promulgués aujourd'hui dans les nations dans le but d'astreindre les gens à l'idolâtrie ou a la conformité pour les empêcher de servir le vrai Dieu. Laissez-moi vous soumettre, bien-aimé, que l'ennemi défiera toujours votre relation avec Dieu. Par relation, je ne parle pas de citer les écritures saintes ou connaitre Dieu, mais avoir une relation intime et profonde avec Lui.

Nous vivons dans des temps de grande confusion, et c'est triste que même les Chrétiens perdent quelquefois de vue qui est Dieu et ce qu'Il peut faire pour eux. Les trois garçons hébreux répondirent au roi en disant « notre Dieu ». Cela nous fait savoir qu'ils avaient une relation personnelle avec Dieu; ils connaissaient le Dieu qu'ils servaient et cherchaient. Notre connaissance de Dieu doit naitre de notre relation avec Lui. Nous ne pouvons pas dire que nous connaissons Dieu à moins que nous l'ayons éprouvé.

Le fait que les gens viennent à église ou qu'ils citent les versets de la bible ne veut pas nécessairement dire qu'ils connaissent Dieu. Je priais une nuit et demandait à Dieu pourquoi est ce nous ne voyons plus les miracles de l'ancien temps. Pourquoi est-ce que nous voyons moins de guérisons, de délivrances, de signes et prodiges dans l'église? Le Saint-Esprit répondit clairement que cela est dû à notre manque d'intimité avec Dieu.

Quand vous êtes dans une relation proche avec quelqu'un, une relation intime, cela vous demandera un investissement de votre temps. Passer une heure par jour dans la prière est l'étape la plus élémentaire pour chaque croyant. Mais l'Esprit de Dieu a ouvert mes yeux à la révélation de la dîme de tout, y compris du temps. Je sais que nous limitons habituellement la dîme aux finances, mais je crois que nous devons donner aussi une dîme de notre temps à Dieu. Puis qu'il y a vingt-quatre heures dans une journée, nous devrions passer au moins deux heures et quarante minutes par jour dans la prière (on arrondit jusqu'à trois heures de prière). Je crois que c'est pour cela que les gens dans la Bible qui ont marché très près de Dieu étaient capables de jeûner pendant quarante jours ce qui représente une dîme d'une année. En fait, un ministre de l'évangile doit être capable de jeûner, à mon avis, un minimum de quarante jours par an.

FRUITS D'INTIMITÉ

Entendre Dieu

Dans mes peu d'années dans le ministère, j'ai rencontré beaucoup de Chrétiens qui ont du mal à entendre Dieu. Selon moi, cela résulte du fait qu'ils relèguent leur devoir d'entendre la voix de Dieu aux pasteurs, prophètes et les guides en oubliant de se rendre compte que Dieu désire avoir une relation intime avec chacun de nous. La Bible dit : Après avoir autrefois, à plusieurs reprises et de plusieurs manières, parlé à nos pères par les prophètes, Dieu, dans ces derniers temps, nous a parlé par le Fils, qu'il a établi héritier de toutes choses, par lequel il a aussi créé le monde, (Hébreux 1, 1-2).

Chaque croyant doit développer la capacité d'entendre la voix de Dieu. La capacité d'entendre la voix de Dieu est la preuve que nous le connaissons. Je connais si bien ma femme que je peux reconnaître sa voix sans même la voir. Je sais comment est sa voix et comment est ce qu'elle s'exprime. C'est la même chose pour notre relation avec Dieu.

Jean 10, 4 dit, «Lorsqu'il a fait sortir toutes ses propres brebis, il marche devant elles; et les brebis le suivent, parce qu'elles connaissent sa voix ». La raison pour laquelle les brebis reconnaissent la voix de leur berger et le suivent est simplement parce qu'ils ont développé une relation avec lui. Tant que nous ne développerons pas une relation avec Dieu par le salut et la prière continuelle, nous ne serons jamais à même d'entendre la voix du Maître.

Dans ces derniers temps, de nombreuses voix étrangères surviendront pour séduire l'élite. Par conséquent, il devient même plus critique pour les Chrétiens, d'apprendre à entendre Dieu pour eux-mêmes. Mais nous avons malheureusement créé une église où les croyants pensent que seuls les pasteurs et les prophètes peuvent entendre Dieu. C'est ainsi qu'ils les attendent dans les couloirs de l'église les dimanches pour savoir ce que Dieu dit. Ce scénario était en effet vrai dans l'ancien testament où Dieu a parlé à Son peuple à travers les prophètes et les prêtres; mais dans le Nouveau Testament, le voile a été supprimé pour donner à toute personne qui croit le privilège d'entrer dans la présence de Dieu et de le connaître intimement. Je ne discrédite pas le rôle des pasteurs et des prophètes, mais l'intention de Dieu dans le Nouveau Testament était que Son peuple ait une relation personnelle avec Lui.

Hébreux 1, 1-3 expliquent admirablement ceci : «Après avoir autrefois, à plusieurs reprises et de plusieurs manières, parlé à nos pères par les prophètes, Dieu, dans ces derniers temps, nous a parlé par le Fils, qu'il a établi héritier de toutes choses, par lequel il a aussi créé le monde, et qui, étant le reflet de sa gloire et l'empreinte de sa personne, et soutenant toutes choses par sa parole puissante, a fait la purification des péchés et s'est assis à la droite de la majesté divine dans les lieux très hauts ». Cependant pour apprécier la richesse de cette relation, nous devons posséder la hardiesse.

La Hardiesse

La hardiesse est la découlée naturelle d'une relation intime avec Dieu qui nous donne l'assurance que nous agissons avec le support du ciel. La hardiesse est un attribut vital pour posséder, car Dieu nous appellera quelque fois à faire des choses qui ne sont pas logiques pour l'esprit rationnel.

Dieu attend que nous défiions hardiment certaines traditions et rites afin d'apporter un changement et une restauration dans cette nouvelle génération. Il a fallu de la hardiesse de la part de Gédéon pour détruire l'autel qui avait été établi pendant des années dans la maison de son père. Il a fallu de la hardiesse à Deborah pour faire office de juge pour le peuple d'Israël et de restaurer la nation. Il a fallu de la hardiesse à David pour défier et battre Goliath. Et il vous faudra de la hardiesse pour accomplir votre destin et vos objectifs.

J'aime Actes 4, 13 et 29. Ces deux versets font clairement la relation entre la hardiesse et la relation avec Jésus. Le vers 13 dit, « Lorsqu'ils virent l'assurance de Pierre et de Jean, ils furent étonnés, sachant que c'étaient des hommes du peuple sans instruction; et ils les reconnurent pour avoir été avec Jésus ». Le verset 29 expose la réponse des disciples dans la prière : «Et maintenant, Seigneur, vois leurs menaces, et donne à tes serviteurs d'annoncer ta parole avec une pleine assurance (hardiesse).» Sans hardiesse, les premiers dirigeants de l'église n'auraient jamais pu accomplir leurs desseins assignés par Dieu, et cette hardiesse est venue seulement à cause de la relation qu'ils avaient avec Jésus. C'est la même chose pour nous.

La Piété

La piété est un des attributs qui caractérise ceux qui connaissent Dieu. La piété est une piété intérieure; c'est un désir intérieur de vivre pour Dieu et de lui plaire. Néanmoins, de nombreux soi-disant croyants ne mènent pas de vies dévotes aujourd'hui, vu qu'ils n'ont pas vraiment ce désir de lui plaire. Ils n'ont donc pas une sérieuse crainte révérencielle de Lui.

Paul prévint Timothée au sujet de ceux qui ont une forme de piété mais qui renoncent à sa puissance : «Repousse les contes profanes et absurdes. Exerce-toi à la piété; car l'exercice corporel est utile à peu de chose, tandis que la piété est utile à tout, ayant la promesse de la vie présente et de celle qui est à venir. » (1 Timothée 4, 7-9).

Il est important que nous n'ayons pas seulement une apparence de piété mais que nous désirions réellement plaire à Dieu dans tout ce que nous faisons. La question que nous devons nous poser pour tout acte spécifique est de savoir si cet acte plaît à Dieu. Souvenez-vous que la seule façon de vivre dans la piété est de vous exercer à la piété.

Faire des Exploits

Daniel 11, 32 «Il séduira par des flatteries les traîtres de l'alliance. Mais ceux du peuple qui connaîtront leur Dieu feront des exploits.» Notre capacité à accomplir des exploits émane de notre connaissance de Dieu. La connaissance de Dieu résulte de la prière et de la méditation de la parole. C'est pour cela que l'ennemi se démène à voler aux Chrétiens leurs moments de prière et de méditation.

De plus en plus d'églises à travers les États-Unis accordent de moins en moins de temps à la prière et à l'intercession. Cependant, moins nous connaissons Dieu, plus nous considérons nos défis comme impossible. Mais plus nous Le servons Lui, Sa maison et Son peuple, plus notre connaissance de Lui augmente et plus notre relation avec Lui fleurit.

CHAPITRE 5
Aucun compromis

Les trois garçons hébreux dans Daniel 3 étaient des modèles de loyauté et d'engagement sans compromis à Dieu. Hardiment ils ont déclaré à Nebucadnetsar, « Sache, ô roi, que nous ne servirons pas tes dieux, et que nous n'adorerons pas la statue d'or que tu as élevée. » (Verset 18)

Le compromis est une attitude du c?ur qu'on retrouve chez les personnes qui veulent s'intégrer et éviter de se démarquer afin d'échapper aux critiques, moqueries et autres pressions.

Je définis simplement le compromis comme toute chose que vous faites n'étant pas vraiment conforme avec ce que vous êtes (votre identité). Je crois que l'esprit de compromis est une des armes majeures de l'ennemi de nos jours. Chaque croyant devrait être capable de discerner cet esprit dans chaque situation car il est réellement très simple à détecter. Fondamentalement, tout ce qui vous pousse à faire quelque chose qui est à l'encontre de la parole Dieu est un compromis. C'est aussi simple que ça!

Les trois garçons Hébreux ont jouit de la promotion divine à Babylone à cause de la capacité de Daniel à discerner les rêves. « Daniel pria le roi de remettre l'intendance de la province de Babylone à Schadrac, Méschac et Abed Nego. Et Daniel était à la cour du roi. » (Daniel 2, 49, LS). Ils ont occupés des postes politiques influents, en gagnant de l'argent et menant la grande vie, pourtant ils n'ont pas permis à ces choses et/ou à l'influence du roi à les emmener à se compromettre. Ils savaient que leurs postes ne venaient pas d'un homme, mais du Dieu tout puissant. Ils étaient prêts à tout perdre pour la gloire de Dieu, non seulement leurs emplois, mais mêmes leurs vies.

Votre obéissance à Dieu est plus importante que votre emploi, votre carrière, vos amis et vos relations que car c'est l'obéissance à Dieu qui vous qualifie pour la bénédiction. Dans le Nouveau Testament, la Bible dit si un homme aime sa vie, il le perdra, mais s'il la perd pour Le Christ, il la trouvera (Mathieu 10, 39). Tristement, j'ai vu des gens se compromettent et contourner les règles rien que pour faire avancer leurs carrières ou pour protéger leurs propres intérêts. C'est exactement ce que l'ennemi désire. Il veut que vous compromettiez votre foi, votre famille, vos enfants et votre propre identité; et quand vous le faites, l'esprit de compromis vous conduira toujours dans une vie de double identité. Quand vous êtes à l'église, tout le monde vous connaît comme un grand croyant, mais une fois que vous sortez de l'église, vous êtes connu comme un grand pécheur. Le compromis vous entraine dans cette instabilité.

LES PERSONNES DANS LA BIBLE QUI ONT REFUSÉ DE SE COMPROMETTRE

Jésus

Mathieu 4, 3-10 nous montrent comment Jésus a refusé résolument tout compromis dans sa vie :

Maintenant quand le tentateur vint à Lui, il dit, « Le tentateur, s'étant approché, lui dit: Si tu es Fils de Dieu, ordonne que ces pierres deviennent des pains. Jésus répondit : Il est écrit : L'homme ne vivra pas de pain seulement, mais de toute parole qui sort de la bouche de Dieu.

Le diable le transporta dans la ville sainte, le plaça sur le haut du temple, et lui dit : Si tu es Fils de Dieu, jette-toi en bas; car il est écrit: Il donnera des ordres à ses anges à ton sujet; Et ils te porteront sur les mains, De peur que ton pied ne heurte contre une pierre. Jésus lui dit : Il est aussi écrit : Tu ne tenteras point le Seigneur, ton Dieu.

Le diable le transporta encore sur une montagne très élevée, lui montra tous les royaumes du monde et leur gloire, et lui dit: Je te donnerai toutes ces choses, si tu te prosternes et m'adores. Jésus lui dit: Retire-toi, Satan! Car il est écrit : Tu adoreras le Seigneur, ton Dieu, et tu le serviras lui seul.»

Jésus n'a pas ressenti le besoin de prouver quoi que ce soit, parce qu'Il connaissait sa position. Il n'avait rien à faire pour prouver son statut de fils. Bien-aimé, il n'y a rien que le diable puisse vous offrir de meilleur que ce que Dieu vous a déjà donné.

Le corps du Christ aujourd'hui est tombé dans le piège de l'ennemi en acceptant n'importe quoi au nom du respect et de la liberté des autres. Nous avons transgressé la parole de Dieu pour accepter des pasteurs homosexuels, pour célébrer des mariages homosexuels et pour croire à tous genres de mensonges du diable.

Réveilles-toi, église! Nous sommes ambassadeurs du royaume de Dieu, et comme tel, notre responsabilité est de protéger les intérêts du royaume et de faire avancer sa cause dans les secteurs dans lesquels nous opérons. Nous devons défendre la justice à tous prix , au péril de nos vies. Une fois que nous avons rencontré Dieu, expérimenté sa puissance et sa délivrance dans nos vies, nous serons alors en mesure de tenir ferme sachant que notre Rédempteur vit.

43

Paul

Galates 1, 10-12 lit :
Et maintenant, est-ce la faveur des hommes que je désire, ou celle de Dieu? Est-ce que je cherche à plaire aux hommes? Si je plaisais encore aux hommes, je ne serais pas serviteur de Christ. Je vous déclare, frères, que l'Évangile qui a été annoncé par moi n'est pas de l'homme; car je ne l'ai ni reçu ni appris d'un homme, mais par une révélation de Jésus Christ.

Paul a été confronté à un problème sérieux dans l'église de Galates. Il leur avait prêché l'évangile comme cela lui avait été révélé par le Seigneur Jésus-Christ. En revanche certains faux enseignants sont survenus, prêchant un évangile différent aux Galates et gagnant de la popularité et l'approbation dans le processus. Ils prêchaient probablement un message qui leur faisait du bien et qui remplissait les bancs, vu que c'est le genre de message que beaucoup de gens aiment. Cela a mis Paul dans une position difficile : Est-ce qu'il devrait altérer l'évangile pour accommoder tout le monde et faire que les gens se sentent bien, ou devrait-il prêcher la révélation qu'il avait reçue du Seigneur? Paul refusa de compromettre l'évangile.

C'est triste à dire, mais dans notre génération de nombreux pasteurs ont compromis l'évangile et la mission que Dieu leur a confié afin d'emmener les gens à se sentir bien et augmenter l'adhésion dans leur église. Mais nous sommes dans les jours d'Eli. Nous ne pouvons pas nous permettre de nous compromettre et de rater la cible. Nous devons défendre ce en quoi nous croyons, et nous devons croire en ce que nous défendons.

LES DANGERS DU COMPROMIS

Vous décevez Dieu

Pierre avait promis à Jésus qu'il resterait à ses cotés et ne l'abandonnerait pas. Néanmoins, quand le temps de tenir ferme arriva, Pierre échoua lamentablement. Marc 14, 28-31 nous dit :

« Mais, après que je serai ressuscité, je vous précéderai en Galilée. Pierre lui dit: Quand tous seraient scandalisés, je ne serai pas scandalisé.

Et Jésus lui dit: Je te le dis en vérité, toi, aujourd'hui, cette nuit même, avant que le coq chante deux fois, tu me renieras trois fois. Mais Pierre reprit plus fortement: Quand il me faudrait mourir avec toi, je ne te renierai pas. Et tous dirent la même chose. »

Le verset 31 dans le passage précité dit « qu'ils ont tous dit la même chose. » Ils ont tous promis de ne pas abandonner Jésus, mais quand le contexte a changé et la pression est montée, ils ont violé les règles et ont compromis leur déclaration audacieuse.

Souvent nous agissons tout comme Pierre. Nous faisons des déclarations et promesses audacieuses à Dieu dans nos lieux secrets de prière et dans nos c?urs; ou quand nous sommes avec des gens qui sont en accord avec nous et qui adhèrent à nos croyances, nous faisons des déclarations de foi rapides et sans concessions. Mais dans les moments critiques, nous ne pouvons plus honorer nos engagements. À chaque fois que nous faisons ceci, nous décevons Jésus. Essentiellement, nous disons, « Seigneur, je t'aime, mais je ne t'aime pas assez pour sacrifier ma réputation, ma carrière, mes finances ou ma vie ». Mais frères et s?urs, tenons ferme pour Jésus parce qu'Il a tenu ferme jusqu'à la fin pour nous!

Vous vous mettez sur la défensive

Marc 14, 66-71 révèlent un autre aspect relié au compromis:

« Pendant que Pierre était en bas dans la cour, il vint une des servantes du souverain sacrificateur.
Voyant Pierre qui se chauffait, elle le regarda, et lui dit: Toi aussi, tu étais avec Jésus de Nazareth.

Il le nia, disant: Je ne sais pas, je ne comprends pas ce que tu veux dire. Puis il sortit pour aller dans le vestibule. Et le coq chanta. La servante, l'ayant vu, se mit de nouveau à dire à ceux qui étaient présents : Celui-ci est de ces gens-là. Et il le nia de nouveau. Peu après, ceux qui étaient présents dirent encore à Pierre: Certainement tu es de ces gens-là, car tu es Galiléen. Alors il commença à faire des imprécations et à jurer : Je ne connais pas cet homme dont vous parlez. »

Pierre s'est compromis premièrement à cause de sa localisation physique; la Bible dit qu'il était parmi les ennemis de Jésus. Quelquefois nous nous exposons au compromis en fréquentant des gens que nous ne devons pas fréquenter, ou en allant dans des endroits où nous ne devrions pas aller.

Quand une servante a identifié Pierre comme un des disciples de Jésus, il l'a nié en premier en prétendant qu'il ne comprenait pas ce qu'elle disait. La deuxième fois, il a encore nié son affirmation. Mais la troisième fois, quand ceux autour de lui ont dit qu'il parlait comme un Galiléen, Pierre a nié non pas seulement Jésus mais a aussi commencé à maudire et à jurer. Il a essayé de changer sa façon de parler pour prouver qu'il ne connaissait pas Jésus et n'avait rien avoir avec Lui. N'est-ce pas triste de savoir qu'il est difficile de reconnaître des croyants en dehors de l'église, quelquefois parce que leur vocabulaire n'épelle pas sanctification, crainte de Dieu, ou compassion?

Comme Pierre, nous sommes souvent sur la défensive parce que nous tenons tant à nous intégrer et à éviter des situations inconfortables. Nous avons honte de proclamer que nous sommes Chrétiens. Mais quand nous commençons à nous compromettre, Dieu nous préviendra toujours, comme il a fait avec Pierre. Le coq a chanté pour prévenir Pierre et lui rappeler les paroles de Jésus, mais malheureusement, Pierre ne prêta pas attention. Quand nous faisons quelque chose qui chagrine le Saint-Esprit, Il nous donnera toujours un témoignage intérieur dans nos esprits. Cependant la plupart du temps, dans la chaleur du moment, nous essayons d'ignorer cette voix douce.

SOYEZ ENCOURAGÉ

J'aimerais prendre quelques instants pour encourager ceux parmi vous qui traversent des moments difficiles. Vous pouvez avoir envie d'abandonner, et le diable peut vous offrir beaucoup de raccourcis, mais je prie que vous preniez courage dans le Seigneur votre Dieu et que vous vous accrochiez à Sa Parole, car dans un peu de temps, le Seigneur vous délivrera. Ne cédez pas et ne vous compromettez pas. Résistez au malin, et après avoir tout fait, Résistez!

Esaïe 33, 15-16 donne une promesse à laquelle s'accrocher quand on est tenté de faire un compromis : « Celui qui marche dans la justice, et qui parle selon la droiture, qui méprise un gain acquis par extorsion, qui secoue les mains pour ne pas accepter un présent, qui ferme l'oreille pour ne pas entendre des propos sanguinaires, Et qui se bande les yeux pour ne pas voir le mal, celui-là habitera dans des lieux élevés; des rochers fortifiés seront sa retraite; du pain lui sera donné, de l'eau lui sera assurée. »

Ce passage démystifie les mensonges de l'ennemi qui vous font croire que sans compromis, vous ne progresserez jamais et ne réussirez pas dans la vie. Dans sa Parole, Dieu a promis que si vous vous battez pour la justice et la sainteté, vous demeurerez parmi les grands et Dieu Lui-même sera votre soutien et prendra soin de tous vos besoins.

CHAPITRE 6
Jamais Seul

Alors le roi Nebucadnetsar fut effrayé, et se leva précipitamment. Il prit la parole, et dit à ses conseillers : N'avons-nous pas jeté au milieu du feu trois hommes liés? Ils répondirent au roi : Certainement, ô roi!

Il reprit et dit : Eh bien, je vois quatre hommes sans liens, qui marchent au milieu du feu, et qui n'ont point de mal; et la figure du quatrième ressemble à celle d'un fils des dieux.

Ensuite Nebucadnetsar s'approcha de l'entrée de la fournaise ardente, et prenant la parole, il dit : Schadrac, Méschac et Abed Nego, serviteurs du Dieu suprême, sortez et venez! Et Schadrac, Méschac et Abed Nego sortirent du milieu du feu.

Daniel 3, 24-26

Toutes les fois que l'ennemi se rend compte que vous ne vous compromettrez pas, il essaiera toujours de susciter la persécution et les tribulations. Les saintes écritures disent qu'après que les trois garçons Hébreux aient refusé de se prosterner devant l'image sculptée, le roi fut furieux et ordonna que la fournaise soit chauffée sept fois plus qu'il ne convenait de la chauffer. Il ordonna alors aux hommes vaillants, les meilleurs qu'il avait de jeter les Hébreux dans le feu.

Est-ce que vous vous êtes déjà demandé pourquoi est ce qu'après avoir cru en Christ, après l'avoir défendu et témoigné de sa puissance et son pouvoir, vos épreuves et tribulations ont soudainement paru s'intensifier? La réponse réside dans le fait que l'ennemi est très en colère contre les Chrétiens qui refusent de succomber au système du monde. Ils deviennent sa cible principale, et il assigne ses meilleurs agents à leurs trousses. Souvenez-vous que l'ennemi essaie toujours de nous faire craquer en nous mettant la pression, mais nous pouvons prendre courage en sachant que dans la Bible, toute personne qui a défendu la justice a fait face aux épreuves.

La Bible déclare que Schadrac, Méschac et Abed Nego ont été attachés et jetés dans le feu. Après ceci, le roi a remarqué quelque chose d'exceptionnel et a dit à ses conseillers, « Voilà, je vois quatre hommes sans liens, qui marchent au milieu du feu, et le quatrième est comme le Fils de Dieu. »

Au milieu de leur épreuve, Jésus est apparu. Il leurs a fait savoir que bien qu'ils marchaient dans la vallée de l'ombre de la mort, Il était avec eux. Peu importe ce que nous traversons, ceci doit être notre plus grand réconfort, savoir que Dieu est de notre côté et ne laissera jamais nos pieds glisser.

Pendant qu'ils étaient dans la fournaise, les garçons hébreux marchaient. En d'autres termes, ils faisaient du progrès au milieu de leurs difficultés. Bien-aimé, c'est possible d'aller de l'avant, avancer et progresser au milieu de vos difficultés. Vous avez quelqu'un avec vous qui a déjà emprunté ce chemin avant vous, et son nom est Jésus.

Dans le livre des Actes, la Bible parle des premiers Chrétiens qui se sont battus pour leurs convictions, jusqu'à la mort. Etienne, le premier martyr de l'église, est mort en défendant Christ. Inspirons-nous de l'histoire d'Etienne, voyons un peu cette histoire:

« En entendant ces paroles, ils étaient furieux dans leur c?ur,
et ils grinçaient des dents contre lui. Mais Étienne, rempli du

Saint Esprit, et fixant les regards vers le ciel, vit la gloire de Dieu et Jésus debout à la droite de Dieu.

Et il dit : Voici, je vois les cieux ouverts, et le Fils de l'homme debout à la droite de Dieu.

Ils poussèrent alors de grands cris, en se bouchant les oreilles, et ils se précipitèrent tous ensemble sur lui, le traînèrent hors de la ville, et le lapidèrent. Les témoins déposèrent leurs vêtements aux pieds d'un jeune homme nommé Saul. Et ils lapidaient Étienne, qui priait et disait: Seigneur Jésus, reçois mon esprit! Puis, s'étant mis à genoux, il s'écria d'une voix forte: Seigneur, ne leur impute pas ce péché! Et, après ces paroles, il s'endormit ».

Actes 7, 54-60

Pendant qu'Etienne se faisait lapider, il leva ses yeux vers le ciel et il vit Jésus qui se tenait là. Ce qui est assez surprenant est qu'aucun autre exemple dans la Bible ne parle de Jésus debout; Il est décrit généralement comme assis à la droite du Père. Mais dans le cas d'Etienne, Jésus se tenait debout, déclarant ainsi qu'Il est intimement impliqué dans toutes nos épreuves. Quand nous nous battons pour lui, Il se battra pour nous. Remarquez aussi s'il vous plait que le passage ne dit pas qu'Etienne est mort, mais il dit plutôt qu'il s'est endormi.

Nous sommes si bénis ainsi aux Etats-Unis de pouvoir jouir de la liberté de religion, mais dans certaines parties du monde, la persécution fait encore rage et nos confrères défendent Christ au risque de la mort. Bien que je croie toujours que Dieu veillera sur moi dans chacune de mes épreuves, je suis assez mûr aussi pour me rendre compte que se battre pour la justice est coûte toujours cher, et cela des fois au détriment de nos propres vies.

Les gens sont toujours prompts à critiquer quand quelqu'un fait face à des épreuves. Néanmoins, je suis venu me rendre compte que les difficultés dans la vie ne sont pas toujours le fruit du péché. Nous ne sommes pas seuls non plus dans nos épreuves. Quand le prophète Eli était découragé et voulait abandonner, il se lamentait convaincu qu'il était le seul prophète qui restait et que Jézabel venait aussi après lui. Pourtant, Dieu lui a rappelé qu'il n'était pas seul; il y avait quatre cents autres prophètes qui ne s'étaient pas prosternés devant Baal.

Comme les disciples dans le bateau, nous sommes exactement là où est ce que Jésus veut que nous soyons, pourtant nous vivons une tempête. Toutefois, j'ai de bonnes nouvelles pour vous : Vous n'êtes jamais seul au milieu de votre situation, votre maladie, votre tribulation ou épreuve. L'ennemi essaiera de vous persuader que vous êtes seul et abandonné, en vous chuchotant que tous vos amis vous ont abandonnés, votre famille ne comprend pas ce que vous traversez, ou que personne ne veut s'associer à vous. Cependant, ne croyez pas en ses mensonges. Juste comme Jésus était dans le bateau avec ses disciples, Il est avec vous au milieu de chaque situation.

Je préfère avoir l'approbation et le support de Dieu plutôt que celle d'une foule qui m'applaudisse. Dieu de votre côté est mieux que tout ce que vous rêveriez d'avoir. Il est le Créateur de ciel et de la terre, Il déplace toute chose par la puissance de sa parole, et les rois recherchent la sagesse à ses pieds. Son nom a de l'influence dans le ciel, sur terre, et sous la terre, et comme son enfant, vous êtes bénéficiaire de ce nom pour vous soutenir dans toutes vos épreuves.

CHAPITRE 7
Une nouvelle génération

Commençons ce chapitre en lisant 1 Samuel 16, 1-13 :
L'Éternel dit à Samuel : Quand cesseras-tu de pleurer sur
Saül? Je l'ai rejeté, afin qu'il ne règne plus sur Israël.
Remplis ta corne d'huile, et va; je t'enverrai chez Isaï,
Bethléhémite, car j'ai vu parmi ses fils celui que je désire
pour roi.

Samuel dit : Comment irai-je? Saül l'apprendra, et il me
tuera. Et l'Éternel dit: Tu emmèneras avec toi une génisse,
et tu diras: Je viens pour offrir un sacrifice à l'Éternel. Tu
inviteras Isaï au sacrifice; je te ferai connaître ce que tu
dois faire, et tu oindras pour moi celui que je te dirai.

Samuel fit ce que l'Éternel avait dit, et il alla à Bethléem.
Les anciens de la ville accoururent effrayés au-devant de
lui et dirent: Ton arrivée annonce-t-elle quelque chose
d'heureux? Il répondit : Oui; je viens pour offrir un
sacrifice à l'Éternel. Sanctifiez-vous, et venez avec moi au
sacrifice. Il fit aussi sanctifier Isaï et ses fils, et il les invita
au sacrifice. Lorsqu'ils entrèrent, il se dit, en voyant Éliab:
Certainement, l'oint de l'Éternel est ici devant lui.

Et l'Éternel dit à Samuel : Ne prends point garde à son
apparence et à la hauteur de sa taille, car je l'ai rejeté.

L'Éternel ne considère pas ce que l'homme considère; l'homme regarde à ce qui frappe les yeux, mais l'Éternel regarde au c?ur. Isaï appela Abinadab, et le fit passer devant Samuel; et Samuel dit : L'Éternel n'a pas non plus choisi celui-ci. Isaï fit passer Schamma; et Samuel dit : L'Éternel n'a pas non plus choisi celui-ci. Isaï fit passer ses sept fils devant Samuel; et Samuel dit à Isaï : L'Éternel n'a choisi aucun d'eux.

Puis Samuel dit à Isaï : Sont-ce là tous tes fils? Et il répondit : Il reste encore le plus jeune, mais il fait paître les brebis. Alors Samuel dit à Isaï : Envoie-le chercher, car nous ne nous placerons pas avant qu'il ne soit venu ici. Isaï l'envoya chercher. Or il était blond, avec de beaux yeux et une belle figure. L'Éternel dit à Samuel : Lève-toi, oins-le, car c'est lui! Samuel prit la corne d'huile, et l'oignit au milieu de ses frères. L'esprit de l'Éternel saisit David, à partir de ce jour et dans la suite. Samuel se leva, et s'en alla à Rama.

Saül avait été choisi roi par le peuple d'Israël à cause de son apparence. La Bible fait état du fait qu'il n'y avait personne de plus grand que Saül dans tout d'Israël (1 Samuel 10, 23-24). Pourtant Dieu rejeta Saül plus tard à cause de sa désobéissance à un commandement divin. Ayant été choisi par le peuple, Saül agissait pour plaire au peuple. Car tout ce qui vous choisit vous dirige toujours.

Je vois ce même scenario dans l'église aujourd'hui. Les pasteurs qui ont été embauchés par un conseil d'administration sont dirigés quelquefois par leurs membres. Je n'ai pas de controverse avec un conseil d'administration d'église, mais je ne crois pas que le conseil d'administration devrait dicter la vision de l'église. Seul le pasteur devrait faire cela. Comme un de mes amis me le dit toujours, Dieu n'abandonnera jamais la tête pour parler à la jambe ou le bras.

Dans 1 Samuel 16: 1, Dieu a posé au prophète Samuel une question: «Quand cesseras-tu de pleurer sur Saül? » Saül représente le passé, quelque chose qui a été aboli. C'est fini, et cette saison a expiré dans le calendrier de Dieu. Mais Samuel pleurait encore Saül, le premier roi d'Israël, l'homme qui avait l'apparence extérieure d'un roi mais n'avait pas les qualités intérieures d'un dirigeant. Souvent nous agissons comme Samuel et pleurons ces choses que Dieu a rejetées, choses qu'Il a supprimées de son programme sachant que nous méritons mieux. Des fois nous pleurons parce qu'ils nous aient difficile de croire qu'il y ait mieux que ce que nous avons perdu, mais comme Samuel, nous ne pouvons pas nous permettre de nous laisser tromper par les apparences.

Quand Dieu demanda à Samuel d'aller à la maison de Jesse, Samuel avait déjà une opinion sur l'apparence que devait avoir le prochain roi, comment est ce qu'il devait marcher, et parler. Quand il a vu Eliab, le premier-né de Jesse, celui qui était le symbole de l'identité, l'honneur et la dignité de la famille, il assuma par conséquent qu'il devait être l'élu. La Bible décrit Eliab comme être grand et bâti comme un homme de guerre; quand Samuel le vit, il lui a probablement rappelé Saül.

Plusieurs fois dans nos vies, nous jugeons aussi selon l'apparence. Essayant désespérément de récupérer nos pertes, nous sautons sur toute chose semblable à ce que nous avons perdu. J'admettrai que même les hommes de Dieu font parfois cette erreur. Samuel, par exemple, était un des plus grands prophètes en Israël, cependant il a presque oint Eliab roi d'Israël. Dieu a dû intervenir et lui dire d'attendre. Il ne pouvait pas permettre à Samuel de sélectionner un roi pour son peuple en s'appuyant sur une perception charnelle. En ce qui concerne le Seigneur, les critères de sélection avaient changé. Samuel avait oint Saül basée sur le choix du peuple, et par conséquent la chair, mais cette fois la sélection serait fondée sur le choix de Dieu. Son seul critère à l'époque, comme il en de même aujourd'hui, est la condition du c?ur.

À cause de cette tendance à juger selon les apparences, beaucoup d'hommes de Dieu aujourd'hui ont du mal à accepter ce que Dieu fait dans leurs ministères. S'il vous plaît écoutez-moi, leaders de l'église. Ce que Dieu fait dans cette saison n'a rien à voir avec la théologie, la dénomination et ainsi de suite. Si vous cherchez encore la mouvance de Dieu à travers une dénomination, un milieu ou la théologie, vous le raterez.

Je ne rabaisse pas l'éducation ou l'importance de la formation; tout que je dis c'est que Dieu est en train de faire quelque chose de beaucoup plus grand qu'une éducation ou une dénomination. Les gens que Dieu utilise dans votre ministère peuvent ne pas correspondre à l'idée que vous avez des hommes et femmes de Dieu typiques, mais à moins que vous échangiez vos yeux avec ceux de Dieu, vous pourrez être une barrière à la mouvance de Dieu. Souvenez-vous, les hommes favorisent le talent, les capacités et les exploits, quand Dieu promeut le caractère.

Dieu a choisi David parce qu'il était un homme selon le propre c?ur de Dieu. Notre ressemblance à Dieu n'est pas une ressemblance de visage, d'accent ou de couleur de peau; notre ressemblance est basée sur l'attitude du c?ur. L'image de Dieu doit être reflétée dans l'image du c?ur. Comme je le dis souvent, le caractère est notre responsabilité et l'onction est celle de Dieu.

Sept des fils de Jesse se sont trouvés devant Samuel. Le nombre sept dans la Bible représente la perfection ou l'accomplissement. Dans un sens, ces sept fils étaient l'image de la perfection de la chair, comme Jesse l'a perçu. Il a présenté tous les fils qu'il pensait qualifié à devenir le prochain roi d'Israël. Puis que le prophète n'a pas senti la permission dans son esprit d'oindre quelqu'un parmi eux, il demanda à Jesse s'il avait d'autres fils. Je ne pense pas une seconde que Jesse avait oublié qu'il avait un autre fils dans les champs, mais il l'a négligé parce qu'il était le plus jeune et paraissait le candidat le moins plausible. Quelquefois c'est ainsi : la personne que nous méprisons ou dévaluons est celle sur qui Dieu a Ses yeux.

David ne ressemblait à aucun de ses frères. Il n'était pas bâti comme un homme de guerre, et il n'avait pas non plus la taille d'un roi. La Bible le décrit comme un jeune homme blond avec un beau visage. Cependant, il était le choix de Dieu. Vous voyez, David était le huitième enfant de Jesse, et le nombre huit représente un nouveau commencement.

Je crois que Dieu suscite une nouvelle génération aujourd'hui et introduit un nouveau commencement qui va ramener Christ sur terre. Dans cette génération de la fin des temps, Dieu va utiliser des gens qui peuvent ne pas parler, ou agir comme on a coutume de le voir. Mais cela ne veut pas dire qu'ils ne sont pas de Dieu.

Nous avons besoin d'une génération de David, une génération qui a pour passion de plaire à Dieu et à Lui seul. Ce sont des gens qui adorent de façon à attirer Dieu sur la scène et qui ont la victoire sur les mauvais esprits. Des gens qui comprennent la puissance de Dieu et n'ont pas peur de défier tout Goliath avec courage. Des gens qui n'ont pas besoin de titre pour faire le travail de leur Dieu.

Les critères de sélection de Dieu sont très différents de ceux des hommes. Cela est tout à fait claire dans 1 Corinthiens 1, 26-29 :

Considérez, frères, que parmi vous qui avez été appelés il n'y a ni beaucoup de sages selon la chair, ni beaucoup de puissants, ni beaucoup de nobles.

Mais Dieu a choisi les choses folles du monde pour confondre les sages; Dieu a choisi les choses faibles du monde pour confondre les fortes;

et Dieu a choisi les choses viles du monde et celles qu'on méprise, celles qui ne sont point, pour réduire à néant celles qui sont, afin que nulle chair ne se glorifie devant Dieu.

Dieu choisit les choses viles de la société, les rejetés de notre système, les méprisés de ce monde, et les plus faibles parmi nous et les utilise dans son royaume et pour sa volonté. Paul dit la raison pour laquelle Dieu fait cela est afin qu'aucune chair ne puisse se glorifier en sa présence. Vous ne pouvez pas recevoir la gloire quand vous réalisez que tout ce que vous faites est seulement par sa grâce et miséricorde.

CHAPITRE 8
Vous êtes Inébranlable

Un des objectifs de l'ennemi est de briser la détermination et l'efficacité de cette génération que Dieu élève. Il procède en exerçant une telle pression dans nos vies afin de nous emmener à être à bout et céder. Dans 2 Corinthiens 4, 7-10 cependant, Paul nous rappelle que nous sommes vecteurs de quelque chose de si précieux, si rare, et spécial, que rien ne peut vaincre. Le passage lit : « Nous portons ce trésor dans des vases de terre, afin que cette grande puissance soit attribuée à Dieu, et non pas à nous. Nous sommes pressés de toute manière, mais non réduits à l'extrémité; dans la détresse, mais non dans le désespoir; persécutés, mais non abandonnés; abattus, mais non perdus; portant toujours avec nous dans notre corps la mort de Jésus, afin que la vie de Jésus soit aussi manifestée dans notre corps. »Quel est ce trésor que Dieu a déposé à l'intérieur de chacun de nous? C'est Jésus lui même, la Parole habite en nous!

D'après John 1, 1-5, la parole a existé au commencement, et rien qui a été créé n'a été crée sans elle : «Au commencement était la Parole, et la Parole était avec Dieu, et la Parole était Dieu. Elle était au commencement avec Dieu. Toutes choses ont été faites par elle, et rien de ce qui a été fait n'a été fait sans elle. En elle était la vie, et la vie était la lumière des hommes. La lumière luit dans les ténèbres, et les ténèbres ne l'ont point reçue. »

Dieu a pris Sa formule créatrice secrète et l'a déposé en vous.

Cette substance, appelé la Parole, a été utilisé pour créer le ciel et la terre, et a été déposé à l'intérieur de vous. Quel privilège d'être porteur de la substance divine de création de Dieu!

Paul a dit que nous sommes le temple de Dieu : «Quel rapport y a-t-il entre le temple de Dieu et les idoles? Car nous sommes le temple du Dieu vivant, comme Dieu l'a dit : J'habiterai et je marcherai au milieu d'eux; je serai leur Dieu, et ils seront mon peuple » (2 Corinthiens 6, 16). Aussi, nous avons lu dans 1 Corinthiens 3, 16, «Ne savez-vous pas que vous êtes le temple de Dieu, et que l'Esprit de Dieu habite en vous? »

Nous sommes la demeure de Dieu, et sa présence est le trésor que nous portons à l'intérieur de nous. Le diable n'a pas d'habilité ou de puissance créatrice et donc recherche la substance créatrice en nous appelé la Parole de Dieu. S'il peut y accéder, il peut l'utiliser pour stimuler son programme dans cette génération; cependant, quand nous la gardons nous créons un climat qui promeut le programme du royaume de Dieu.

Dieu a fait de nous des vases de cette parole, et à cause du trésor que nous portons, nous sommes le champ de bataille pour les attaques de l'ennemi. Paul nous rappelle que c'est la raison pour laquelle nous faisons face à tant d'épreuves. Mais l'ennemi n'est pas après tous les chrétiens, mais seulement après ceux qui sont de réels vecteurs de la Parole de Dieu. Jusqu'à ce que la parole habite richement en nous, nous ne serons jamais une cible de l'ennemi.

Pour ceux d'entre vous qui font face à de grande épreuve et ne comprenez pas pourquoi, je vous encourage car il se peut que ce soit parce que vous êtes un vase de la Parole de Dieu. Peut-être que c'est parce que vous êtes porteur de la puissance de guérir les malades, de délivrer les captifs, et de libérer les communautés et nations. Jacob avait douze fils, tous descendants d'Abraham, pourtant ce fut Joseph qui eut le   plus d'épreuves. Pourquoi? Parce que Joseph était le porteur de la parole prophétique. Peut-être est-ce la même chose dans votre vie.

VOUS ÊTES LE CHAMP DE BATAILLE

Une fois que vous comprenez que comme porteur de ce trésor, vous êtes automatiquement sur la liste noire du diable, vous serez mieux préparés quand il lance son attaque pour avoir accès au trésor. Mais n'oubliez jamais que « toute arme forgé contre vous est sans effet » (Esaïe 54, 17). Les armes, bien sûr, sont conçues pour attaquer, mais la Bible dit que bien que l'ennemi attaquera et essaiera de vous nuire, il ne réussira pas dans sa tentative. L'ennemi attaquera votre vie, votre santé, vos finances et votre mariage, mais la Bible dit que son attaque ne prospérera pas.

Dieu nous causera toujours de triompher dans chaque attaque et bataille : «Grâces soient rendues à Dieu, qui nous fait toujours triompher en Christ, et qui répand par nous en tout lieu l'odeur de sa connaissance!» (2 Corinthiens 2, 14, LS). Vu que cela est vrai, Dieu s'attend à ce que vous gagniez chaque bataille que l'ennemi déclenchera.

Vous êtes fait d'une matière plus forte et plus résistante que toute autre chose dans le monde. Le Dieu à l'intérieur de vous est plus fort que tout ce que l'ennemi peut vous lancer. « Vous êtes de Dieu, petits enfants, et vous les avez vaincus, parce que celui qui est en vous est plus grand que lui qui est dans le monde » (1 Jean 4, 4).

LES STRATÉGIES DU DIABLE D'ATTAQUE

Dans le passage de 2 Corinthiens 4, Paul esquisse quatre stratégies principales que l'ennemi utilise pour faire pression:

1. Il essaie de vous harceler.

Si vous êtes harcelé, vous faites face à de grandes difficultés avec votre dos contre le mur. Bien-aimé, l'ennemi essaiera de vous harcelez de tous les côtés pour voir si vous allez craquer sous pression. Vous pouvez être harcelé dans votre mariage, harcelé dans vos finances, harcelé dans votre carrière, et vous pouvez expérimenter toutes ces choses en même temps. Votre attitude durant cette pression déterminera si vous céderez et craquerez ou si vous résisterez et persévérerez.

Paul a dit que bien qu'il était pressé de chaque côté, il refusa d'être écrasé. Le mot écraser veut dire subjuguer, imposer une charge excessive à quelqu'un ou quelque chose, ou casser. Vous devez décider que vous ne serez pas écrasés ou que vous ne ferez pas une dépression nerveuse dans vos épreuves, peu importe l'intensité de la pression.

2. Il essaie de vous rendre perplexe.

Être perplexe veut dire être confus ou consterné. Quelquefois nous sommes confus quand l'ennemi attaque de tous les cotes dans la bataille, et nous commençons à nous demander si nous sommes dans la volonté de Dieu ou si Dieu nous a oubliés. Dans cette bataille pour préserver ce trésor que nous avons en nous, nous pouvons être confus quand à ce que nous traversons, mais nous devons nous souvenir d'une chose : Nous ne pouvons pas nous permettre de craquer.

Ne jamais cèder au désespoir, peu importe la perplexité de la situation. Désespérer c'est perdre tout espoir et assurance. C'est ce que l'ennemi veut que vous fassiez quand il crée la confusion dans votre mariage, votre ministère, vos finances, votre santé ou vos affaires. Il veut que vous perdiez espoir et que vous craquiez. Mais c'est le moment opportun pour exploiter le trésor à l'intérieur de vous et lui permettre de bâtir une couche de force autour de votre pensée.

3. Il essaie de vous persécuter.

Persécuter quelqu'un veut dire harceler, opprimer, ou ennuyer cette personne avec persistance. Il y aura des moments dans votre vie chrétienne ou l'ennemi vous ennuiera constamment et vous harcellera dans votre vie, vos relations, votre avenir ou votre famille; mais dans ces moments, vous devez vous décidez à ne pas abandonner ou perdre espoir. Souvenez-vous, il y a un trésor à l'intérieur de vous.

4. Il essaie de vous abattre.

Frapper quelque chose veut dire handicaper ou rendre inefficace. L'ennemi essaiera d'annuler votre travail, de vous rendre inefficace afin que vous ne puissiez pas fonctionner et accomplir votre mission. Mais Paul a dit que nous ne sommes pas détruits. En d'autres termes, vous ne pouvez pas être anéantis ou démolis.

CHAPITRE 9
L'Esprit sur Vous

À travers l'histoire de l'église, il y a toujours eu un désaccord au sujet de la manifestation et la transmission du Saint-Esprit. La Saint-Esprit est la troisième personne de la Trinité, et la génération de la fin des temps devra développer une relation plus proche avec le Saint-Esprit.

Dans le livre de genèse, nous trouvons Dieu qui présente Jésus, la semence de la femme qui écraserait la tête de l'ennemi : «Je mettrai inimitié entre toi et la femme, entre ta postérité et sa postérité: celle-ci t'écrasera la tête, et tu lui blesseras le talon.»(Genèse 3,15)

Dans le Nouveau Testament, Jésus a annoncé à Ses disciples la venue du Saint-Esprit : «Il dit cela de l'Esprit que devaient recevoir ceux qui croiraient en lui; car l'Esprit n'était pas encore, parce que Jésus n'avait pas encore été glorifié » (Jean 7,39). Plus tôt dans ce chapitre, Jésus disait qu'il était impératif qu'il s'en aille. Vous pouvez vous demander pourquoi Il disait ça.

Je crois que Jésus, en tant qu'être humain, était limité dans sa capacité à atteindre le monde entier. Bien qu'Il fût pleinement Dieu, Il était encore pleinement homme. Par conséquent, Il était limité par les lois naturelles. Il ne pouvait pas être partout en même temps. Le ciel a eu besoin d'une stratégie pour atteindre le monde entier avec le même message et la même puissance   que

Jésus avait sur terre. La manière la plus effective d'accomplir cela était à travers le ministère du Saint-Esprit.

Le Saint-Esprit est omniprésent, ce qui veut dire qu'Il est partout à tout moment. Le Saint-Esprit est manifesté dans deux formes dans nos vies: l'Esprit en nous et l'Esprit sur nous.

L'ESPRIT EN NOUS

Nous recevons le Saint-Esprit en nous lorsque nous recevons Jésus comme notre Seigneur et Sauveur. C'est cette forme de l'Esprit qui nous permet de nous identifier à Dieu comme Père. Comme Romains 8, 14-16 expliquent, «car tous ceux qui sont conduits par l'Esprit de Dieu sont fils de Dieu. Et vous n'avez point reçu un esprit de servitude, pour être encore dans la crainte; mais vous avez reçu un Esprit d'adoption, par lequel nous crions : Abba! Père! L'Esprit lui-même rend témoignage à notre esprit que nous sommes enfants de Dieu. »

Quand nous sommes nés de nouveau, nous avons reçu l'Esprit « en nous ». Cette forme de l'Esprit est responsable du développement de notre caractère afin qu'il reflète l'image de Jésus Christ. Le résultat de l'Esprit en nous est le fruit de l'Esprit : «Mais le fruit de l'Esprit, c'est l'amour, la joie, la paix, la patience, la bonté, la bénignité, la fidélité, la douceur, la tempérance; la loi n'est pas contre ces choses. Ceux qui sont à Jésus Christ ont crucifié la chair avec ses passions et ses désirs » (Galates 5, 22-24). Chaque croyant est appelé à démontrer le fruit de l'Esprit comme évidence d'une nouvelle vie dans Le Christ.

Dans Jean 20, 21-23, Jésus a soufflé sur Ses disciples et a dit, « Recevez le Saint-Esprit », pas « Vous recevrez le Saint-Esprit. » La Bible dit : «Jésus leur dit de nouveau : La paix soit avec vous! Comme le Père m'a envoyé, moi aussi je vous envoie. Après ces paroles, il souffla sur eux, et leur dit: Recevez le Saint Esprit. Ceux à qui vous pardonnerez les péchés, ils leur seront pardonnés; et ceux à qui vous les retiendrez, ils leur seront retenus. » Cela suggère que les disciples ont reçu le Saint-Esprit dès que Jésus avait prononcé les mots. La Bible ne dit pas qu'ils ont commencé a prophétisé ou à parler dans de nouvelles langues, car ce qu'ils avaient reçu à ce moment était l'Esprit en eux, pas l'Esprit sur eux.

Plus tard Jésus parla à ces mêmes disciples et leur demanda d'attendre le Saint-Esprit : « Comme il se trouvait avec eux, il leur recommanda de ne pas s'éloigner de Jérusalem, mais d'attendre ce que le Père avait promis, ce que je vous ai annoncé, leur dit-il; car Jean a baptisé d'eau, mais vous, dans peu de jours, vous serez baptisés du Saint Esprit » (Actes 1, 4-5).

Vous pouvez vous demander pourquoi est ce Jésus demanda à ses disciples d'attendre le Saint- Esprit s'ils avaient déjà reçu l'Esprit quand Il a soufflé sur eux. En demandant à ses disciples d'attendre l'Esprit, Jésus faisait une distinction entre l'Esprit qui était déjà en eux et l'Esprit qui devait descendre sur eux.

L'ESPRIT SUR NOUS

Quand Jésus a dit aux disciples d'attendre jusqu'à ce que la promesse vienne, Il faisait référence à la puissance du Saint-Esprit qui est l'Esprit sur nous. Actes 1, 4-8 dit :

Comme il se trouvait avec eux, il leur recommanda de ne pas s'éloigner de Jérusalem, mais d'attendre ce que le Père avait promis, ce que je vous ai annoncé, leur dit-il; car Jean a baptisé d'eau, mais vous, dans peu de jours, vous serez baptisés du Saint Esprit. Alors les apôtres réunis lui demandèrent : Seigneur, est-ce en ce temps que tu rétabliras le royaume d'Israël?

Il leur répondit : Ce n'est pas à vous de connaître les temps ou les moments que le Père a fixés de sa propre autorité. Mais vous recevrez une puissance, le Saint Esprit survenant sur vous, et vous serez mes témoins à Jérusalem, dans toute la Judée, dans la Samarie, et jusqu'aux extrémités de la terre.

Dans l'ancien testament, l'Esprit est tombé sur les gens pour leur permettre de faire l'oeuvre de Dieu. Ils n'avaient pas le privilège de recevoir l'Esprit en eux, parce que le sang de Jésus n'avait pas encore été versé à la croix. Par conséquent, ils ne pouvaient pas faire allusion à Dieu comme à leur Père parce que c'est l'Esprit en nous qui nous pousse à crier « Abba Père». Mais maintenant, depuis que le sang de Jésus a coulé, nous avons le privilège de recevoir l'Esprit en nous et pouvons être appelés fils et filles de Dieu.

Néanmoins, la vérité et la réalité au sujet de l'Esprit sur nous est similaire aux expériences de l'ancien testament. L'Esprit sur nous est quelquefois connu sous le nom de « l'onction » de Dieu. C'est la capacité d'exécuter le surnaturel dans le domaine naturel. C'est ce qui nous donne l'habiliter de faire des choses que nous n'aurions jamais pu faire de notre propre force.

Cette forme de l'Esprit est ce dont la bible parle dans le livre des Actes, et il est introduit dans le deuxième chapitre : « Le jour de la Pentecôte, ils étaient tous ensemble dans le même lieu. Tout à coup il vint du ciel un bruit comme celui d'un vent impétueux, et il remplit toute la maison où ils étaient assis. Des langues, semblables à des langues de feu, leur apparurent, séparées les unes des autres, et se posèrent sur chacun d'eux. Et ils furent tous remplis du Saint Esprit, et se mirent à parler en d'autres langues, selon que l'Esprit leur donnait de s'exprimer » (Actes 2, 1-4).

Les disciples sont restés dans la chambre haute dans la prière et le jeûne jusqu'à ce que le Saint-Esprit soit descendu sur eux. Quand l'Esprit a été libéré sur eux, Pierre qui avait nié trois fois Jésus a reçu soudainement une puissance surnaturelle pour témoigner du même Jésus à plus de trois mille personnes. Les mêmes disciples qui avaient été incapables de chasser un démon d'un enfant avaient maintenant reçu la puissance surnaturelle de guérir les malades, chasser les démons, et ressusciter les morts. L'Esprit sur nous a la capacité de prendre des hommes et des femmes réguliers afin de les transformer en chasseurs de démons, en personnes qui font bouger les villes, transformateurs de communautés et des gens qui affectent les nations.

Dans le livre de 1 Samuel, la Bible fait mention de l'épisode ou l'Esprit du Seigneur est tombé sur Saül, et il devint un homme différent.

L'esprit de l'Éternel te saisira, tu prophétiseras avec eux, et tu seras changé en un autre homme. Lorsque ces signes auront eu pour toi leur accomplissement, fais ce que tu trouveras à faire, car Dieu est avec toi.

Puis tu descendras avant moi à Guilgal; et voici, je descendrai vers toi, pour offrir des holocaustes et des sacrifices d'actions de grâces. Tu attendras sept jours, jusqu'à ce que j'arrive auprès de toi et que je te dise ce que tu dois faire. Dès que Saül eut tourné le dos pour se séparer de Samuel, Dieu lui donna un autre c?ur, et tous ces signes s'accomplirent le même jour. Lorsqu'ils arrivèrent à Guibea, voici, une troupe de prophètes vint à sa rencontre. L'esprit de Dieu le saisit, et il prophétisa au milieu d'eux.

1 Samuel 10, 6-10

Quelque chose de surnaturel se produit une fois que le Saint-Esprit se saisit de nous. Nous devenons une menace réelle pour le diable quand nous marchons dans la puissance de l'Esprit de Dieu. Le diable le sait, mais il a malheureusement trompé beaucoup de Chrétiens par rapport à la puissance qu'ils ont quand l'esprit descend sur eux.

Bien qu'un don gratuit de Dieu, l'Esprit sur nous (l'onction) requiert un certain niveau de consécration personnelle pour être manifesté dans nos vies. Jésus a dit aux disciples de rester et d'attendre jusqu'à ce que la promesse vienne. La Bible dit clairement qu'ils ont passé dix jours et dix nuits à jeûner et à prier dans la chambre haute. Cela veut dire qu'ils se sont consacrés et se sont privés pour activer la promesse de l'Esprit.

J'ai lu les histoires des grands hommes de Dieu qui marchaient sous une influence puissante de l'Esprit, et derrière toute la puissance et l'onction se cachait un haut niveau de discipline et de consécration. Toute fois, peu de Chrétiens aujourd'hui entrent dans une telle dimension de puissance de l'Esprit, parce que peu sont prêts à payer le prix.

Certaines dénominations mettent l'accent sur l'Esprit en nous, et considère la manifestation de la puissance de l'Esprit obsolète, vu qu'ils leur manquent la volonté d'aller plus loin et de payer le prix. Mais si nous voulons affecter ce monde comme Jésus l'a fait, nous avons besoin de l'Esprit en nous et l'Esprit sur nous. Avec l'Esprit en nous, nous aidons les opprimés, et avec l'Esprit sur nous, nous délivrons les opprimés.

L'Esprit sur nous produit les dons de l'Esprit. Ces dons sont aussi connus sous le nom de « signes et prodiges. » Les signes indiquent une direction particulière. Dans les jours et les temps dans lesquels nous vivons, les gens doivent voir des signes qui les pointent dans la bonne direction. Une manière de le faire c'est en ayant une rencontre avec et ensuite une manifestation de la puissance de l'Esprit.

Quand Jean-Baptiste se demandait si Jésus était le Messie, il envoya ses disciples pour lui demander s'Il était celui qu'on attendait ou s'il devrait attendre un autre. Jésus n'a pas répondu en déclarant « je suis celui qu'on attend », mais plutôt, Il a pointé aux signes qui prouvaient qu'Il était le Messie promis.

Beaucoup de gens aujourd'hui se posent la même question : « Est-ce que Jésus est le vrai Dieu, ou est-ce que nous devrions chercher un autre? » La seule façon de les convaincre de l'identité de Jésus c'est en les pointant à la manifestation du Saint-Esprit par les signes et les prodiges.

Je me souviens une fois quand j'étais jeune, ma soeur et moi regardions C'est Votre jour avec Benny Hinn. Pendant l'émission, il étendit ses bras vers la camera et demanda aux téléspectateurs de mettre leurs mains sur l'écran du téléviseur afin que la puissance de Dieu de les touchent. J'étais très naïf et curieux et je décidai de toucher l'écran pour voir si quelque chose arriverait. Quand j'ai l'ai fait, j'ai senti la puissance traverser mes mains, et j'ai été projeté approximativement à un demi mètre de l'endroit où je me trouvais. A cet instant précis, j'ai su que la puissance de Dieu est réelle et ce Jésus est réel.

Un contact avec la puissance de Dieu peut changer la vie d'une personne. C'est surprenant de voir combien de non-croyants viennent dans nos églises et repartent dans le même état parce qu'il n'y a aucune manifestation de l'Esprit sur nous. Les gens ont tendance à croire que leurs problèmes sont plus grands que ceux des autres, et souvent ils ne se soumettront pas à quelque chose d'autre, à moins qu'ils expérimentent une puissance supérieure à celle de leurs problèmes. Il est crucial, par conséquent, que l'Esprit sur nous soit évident dans la vie de chaque croyant. Gardez à l'esprit que Jésus n'a pas affecté sa génération avec de grands discours ou par sa généalogie, mais par l'Esprit sur lui.

Jésus a attendu trente années avant de recevoir l'Esprit sur Lui pour commencer Son ministère. Dans Luc 4, 18-19, il a lu le livre d'Esaïe, en établissant clairement le but et la portée de Son ministère : « L'Esprit du Seigneur est sur moi, Parce qu'il m'a oint pour annoncer une bonne nouvelle aux pauvres; Il m'a envoyé pour guérir ceux qui ont le coeur brisé, Pour proclamer aux captifs la délivrance, Et aux aveugles le recouvrement de la vue, Pour renvoyer libres les opprimés, Pour publier une année de grâce du Seigneur.»

Imaginez ce qui arriverait si chaque croyant pouvait manifester l'Esprit sur lui dans sa vie. Comme les apôtres qui ont mis les villes sens dessus dessous, nous aussi serions capables de chasser le diable hors de nos villes, communautés et nations. Avec l'Esprit sur nous, nous pourrions démontrer aux puissances des ténèbres, aux magiciens, aux sorciers et à toutes les puissances sataniques qui existent, qu'il y a une plus grande puissance. Jusqu'à ce que nous marchions dans cette puissance du Saint-Esprit, cependant, nous nous limiterons aux débats, discussions et les réflexions à propos de la foi. N'oubliez jamais que l'ennemi ne réagit à rien d'autre qu'à la puissance de Dieu.

Tous les grands hommes et femmes de Dieu dans la Bible qui ont affronté la puissance de l'ennemi ont marché avec l'Esprit sur eux. La Bible nous parle dans le livre des Actes de Simon le sorcier qui eut un contact avec la puissance de Dieu et se repentit.

Actes 8, 9-13 : Il y avait auparavant dans la ville un homme nommé Simon, qui, se donnant pour un personnage important, exerçait la magie et provoquait l'étonnement du peuple de la Samarie. Tous, depuis le plus petit jusqu'au plus grand, l'écoutaient attentivement, et disaient : Celui-ci est la puissance de Dieu, celle qui s'appelle la grande. Ils l'écoutaient attentivement, parce qu'il les avait longtemps étonnés par ses actes de magie. Mais, quand ils eurent cru à Philippe, qui leur annonçait la bonne nouvelle du royaume de Dieu et du nom de Jésus Christ, hommes et femmes se firent baptiser. Simon lui-même crut, et, après avoir été baptisé, il ne quittait plus Philippe, et il voyait avec étonnement les miracles et les grands prodiges qui s'opéraient.

CHAPITRE 10
Combattre ou Défaillir

Deutéronome 20, 8-9 déclare, «Les officiers continueront à parler au peuple, et diront: Qui est-ce qui a peur et manque de courage? Qu'il s'en aille et retourne chez lui, afin que ses frères ne se découragent pas comme lui. Quand les officiers auront achevé de parler au peuple, ils placeront les chefs des troupes à la tête du peuple. »

Une bataille rage contre notre foi et l'avancée du royaume de Dieu. Comme les Israélites de l'ancien temps, nous devons nous montrer à la hauteur du défi et nous revêtir de notre armure pour combattre l'ennemi de notre foi. La ligne de la bataille est établie ainsi que le défi déclaré contre notre royaume et le roi que nous représentons. Nous ne pouvons pas reculer ou fuir.

William Booth, le fondateur de l'Armée du salut, a dit une fois :

Pendant que les femmes pleurent, comme elles le font maintenant, je combattrai; Pendant que les petits enfants sont affamés, comme ils le sont maintenant, je combattrai; Pendant que les hommes vont en prison, entrent et sortent, entrent et sortent, je combattrai; Tant qu'il restera une âme dans les ténèbres sans la lumière de Dieu, je combattrai, je combattrai jusqu'au bout!

Il y a toujours une raison de combattre et de défendre l'évangile de notre Seigneur et Sauveur Jésus Christ.

Dans l'Ancien Testament, le peuple de Dieu prenaient leurs épées et combattaient des ennemis physiques. Ils ont livré bataille pour conquérir des nations et subjuguer leurs ennemis. Cependant, la bataille a changé dans cette saison actuelle. Ce n'est plus une bataille physique, mais une bataille spirituelle. Comme Paul a dit, nous ne luttons pas contre la chair et le sang.

Une des manières de combattre spirituellement est par la prière de combat spirituel. Dans Luke 18, 1, Jésus a enseigné que « Jésus leur adressa une parabole, pour montrer qu'il faut toujours prier, et ne point se relâcher (LS). » Pour illustrer ce point, Jésus a partagé une parabole pour montrer aux disciples la nécessité du combat spirituel persistant.

La prière est cruciale pour notre survie en tant qu'instrument entre les mains de Dieu. Je ne mettrai jamais trop l'accent sur notre besoin de prière. Les gens qui ne prient pas vraiment sont en général les premiers à jeter l'éponge dans les situations difficiles. Pourquoi? Parce qu'ils n'ont aucune promesse à laquelle s'agripper. Comme le dit psaume 27, 13, « Oh! Si je n'étais pas sûr de voir la bonté de l'Éternel Sur la terre des vivants!... (LS). »

POURQUOI EST CE QUE LES GENS S'AFFAIBLISSENT

Il y a deux raisons principales pour lesquelles les gens s'affaiblissent le jour de bataille: (1) le coût et (2) lassitude. Examinons-les de près l'un après l'autre et voyons ce que nous pouvons apprendre.

Le coût

Le coût élevé pour suivre Jésus est une raison majeure pour laquelle de nombreuses personnes s'affaiblissent et ne veulent plus le servir de tout coeur. Le passage ci-dessous nous éclaire à ce sujet:

Jésus, voyant une grande foule autour de lui, donna l'ordre de passer à l'autre bord. Un scribe s'approcha, et lui dit: Maître, je te suivrai partout où tu iras.

Jésus lui répondit: Les renards ont des tanières, et les oiseaux du ciel ont des nids; mais le Fils de l'homme n'a pas où reposer sa tête.

Un autre, d'entre les disciples, lui dit: Seigneur, permets-moi d'aller d'abord ensevelir mon père. Mais Jésus lui répondit: Suis-moi, et laisse les morts ensevelir leurs morts.

Matthieu 8, 18-22

Certains parmi nous ne sont pas impliqués dans le combat, non pas parce que l'appel de Christ n'a aucun attrait, mais parce que le coût élevé du discipolat n'a aucun attrait. Certains d'entre nous sont appelés a être des missionnaires et des pasteurs, et d'autres ont été confiés des responsabilités bien précises dans le royaume; toutefois peu s'engage hardiment dans cet appel. Quand nous pensons à tout ce que nous devons abandonner ou à la potentielle désapprobation des autres pouvant résulter de notre réponse à l'appel, nous nous affaiblissons.

Mais aucun coût ne pourrait être plus grand que ce que le Fils de Dieu, Jésus Christ, a payé au Calvaire. Nous pouvons nous préoccuper de nos postes, réputations ou des opinions des autres, mais peu importe le prix que nous sommes appelés à payer, Christ a payé un prix nettement plus élevé pour nous sauver vous et moi.

La Lassitude

La lassitude dans le jour du combat est quelquefois une autre raison pour laquelle les gens défaillent. Examinons l'histoire d'Eli pour voir ce facteur en opération :

Achab rapporta à Jézabel tout ce qu'avait fait Élie, et comment il avait tué par l'épée tous les prophètes. Jézabel envoya un messager à Élie, pour lui dire: Que les dieux me traitent dans toute leur rigueur, si demain, à cette heure, je ne fais de ta vie ce que tu as fait de la vie de chacun d'eux!

Élie, voyant cela, se leva et s'en alla, pour sauver sa vie. Il arriva à Beer Schéba, qui appartient à Juda, et il y laissa son serviteur. Pour lui, il alla dans le désert où, après une journée de marche, il s'assit sous un genêt, et demanda la mort, en disant: C'est assez! Maintenant, Éternel, prends mon âme, car je ne suis pas meilleur que mes pères.

Il se coucha et s'endormit sous un genêt. Et voici, un ange le toucha, et lui dit: Lève-toi, mange. Il regarda, et il y avait à son chevet un gâteau cuit sur des pierres chauffées et une cruche d'eau. Il mangea et but, puis se recoucha. L'ange de l'Éternel vint une seconde fois, le toucha, et dit: Lève-toi, mange, car le chemin est trop long pour toi. Il se leva, mangea et but; et avec la force que lui donna cette nourriture, il marcha quarante jours et quarante nuits jusqu'à la montagne de Dieu, à Horeb.

Et là, il entra dans la caverne, et il y passa la nuit. Et voici, la parole de l'Éternel lui fut adressée, en ces mots: Que fais-tu ici, Élie? Il répondit: J'ai déployé mon zèle pour l'Éternel, le Dieu des armées; car les enfants d'Israël ont abandonné ton alliance, ils ont renversé tes autels, et ils ont tué par l'épée tes prophètes; je suis resté, moi seul, et ils cherchent à m'ôter la vie.

1 Rois 19, 1-10

Après la victoire d'Eli au mont Carmel, il a reçu un message dans lequel Jézabel lui déclarait la guerre. Dans le verset 10, Dieu a confronté Eli, en lui demandant,

« Qu'est-ce que tu fais ici, Eli? » En d'autres termes, Dieu lui disait, « je ne m'attendais pas à te voir te cacher dans une caverne, Eli. Mon nom est défié, et je pensais que tu prendrais ta position et combattrait. »

Mais Eli était las et pensait que tout son travail avait été vain. Les gens continuaient à abandonner l'alliance et il se sentait seul. Parfois dans la vie, quand les batailles semblent s'intensifier par heure, nous sommes prêts à jeter l'éponge parce que nous pensons que tous les sacrifices que nous avons faits n'ont pas donnés de fruits. Une telle pensée est symptomatique de la lassitude et est une indication du découragement. Dans ces moments, nous perdons espoir dans les choses pour lesquelles nous avons combattu et crus Dieu.

La Bible dit que si nous faiblissons au jour de la détresse, notre force n'est que détresse (Proverbes 24,10). Néanmoins, beaucoup de gens dans le corps du Christ s'affaiblissent au moindre signe de pression et d'opposition croissante. Mais nous ne saurons jamais de quoi nous sommes faits jusqu'à ce que la pression et l'adversité commencent à nous bousculer. C'est le moment pour notre force spirituelle de se manifester. Souvenez-vous que le mot force veut dire la puissance de résister à la fatigue, au stress ou à l'attaque; il implique l'imprenabilité contre tout obstacle.

Donc comment est-ce que nous pouvons avoir la force pour combatte? Esaïe 40, 29 nous donne la réponse : «Il donne de la force à celui qui est fatigué, Et il augmente la vigueur de celui qui tombe en défaillance. » Dieu nous donne de la force et augmente notre vigueur lorsque nous nous sentons faibles. Il le fait par le moyen de la prière. Je l'ai dit auparavant, et je dois insister, beaucoup de Chrétiens deviennent las à cause de leur manque de prière. S'il n'y a pas de prière, il n'y a pas de puissance et de force.

QUE FAIRE LORSQUE VOUS VOUS SENTEZ FAIBLIR ?

Quand vous vous sentez faiblir, vous pouvez prendre certaines mesures pour rester sur la bonne voie. Cependant, comme je l'ai vu à travers les pages de la Bible, tout peut se résumer en un mot croire. En dépit de la gravité de la situation à laquelle vous faites face, vous devez être convaincus que Dieu agira en votre faveur. Croire est l'antidote à faiblir.

Il y a trois choses principales aux quelles vous devez croire: la prière, les promesses de Dieu, et son église sur terre. Examinons maintenant ces aspects vitaux pour persévérer le jour du combat.

Croyez en la prière

Jonas 2, 7 dit, « Quand mon âme était abattue au dedans de moi, Je me suis souvenu de l'Éternel, Et ma prière est parvenue jusqu'à toi, Dans ton saint temple. » Le manque de prière est la première raison pour laquelle les gens faiblissent, mais ceux qui prient, possèdent une force que les gens qui ne prient pas n'auront jamais. En effet, il ne suffit pas de dire que vous croyez en la prière; vous devez démontrer votre croyance en priant réellement. La prière, alors, est la première partie de l'antidote à l'affaiblissement.

Un autre verset qui nous encourage à prier est Psaume 27, 14 : «Espère en l'Éternel! Fortifie-toi et que ton coeur s'affermisse!Espère en l'Éternel! (LS).» Esaïe 40:31 est similaire : «Mais ceux qui se confient en l'Éternel renouvellent leur force. Ils prennent le vol comme les aigles; Ils courent, et ne se lassent point, Ils marchent, et ne se fatiguent point. » La saison de l'attente devrait être consacrée à la prière et à l'intercession. Comme un exercice spirituel, la prière fortifiera vos muscles spirituels et bâtira votre ténacité spirituelle, mais à moins que vous priiez réellement, vous ne pouvez récolter aucun bénéfice de cette potentielle puissance.

Souvenez-vous, Jésus a déclaré que « Jésus leur adressa une parabole, pour montrer qu'il faut toujours prier, et ne point se relâcher.» (Luc 18, 1, LS). Il ne croyait évidemment pas que la prière et l'affaiblissement pouvait résider en un même coeur. Quand nous avons lu le passage dans Luc 18, nous voyons que Jésus ne parlait pas de prier une seule fois ou d'une prière rapide mais Il insistait sur l'importance de la prière persistante. Pour pouvoir tenir ferme et ne pas faiblir, nous devons développer une vie de prière régulière car la prière est l'arme qui gardera nos espoirs en vie et changera nos situations.

Dans le Jardin de Gethsémani, nous avons un exemple clair de la manière dont Jésus a gagné la bataille sans défaillir :

Là-dessus, Jésus alla avec eux dans un lieu appelé Gethsémané, et il dit aux disciples : Asseyez-vous ici, pendant que je m'éloignerai pour prier. Il prit avec lui Pierre et les deux fils de Zébédée, et il commença à éprouver de la tristesse et des angoisses.

Il leur dit alors : Mon âme est triste jusqu'à la mort; restez ici, et veillez avec moi. Puis, ayant fait quelques pas en avant, il se jeta sur sa face, et pria ainsi: Mon Père, s'il est possible, que cette coupe s'éloigne de moi! Toutefois, non pas ce que je veux, mais ce que tu veux.

Et il vint vers les disciples, qu'il trouva endormis, et il dit à Pierre : Vous n'avez donc pu veiller une heure avec moi!

Veillez et priez, afin que vous ne tombiez pas dans la tentation;

l'esprit es bien disposé, mais la chair est faible. Il s'éloigna une seconde fois, et pria ainsi : Mon Père, s'il n'est pas possible que cette coupe s'éloigne sans que je la boive, que ta volonté soit faite! Il revint, et les trouva encore endormis; car leurs yeux étaient appesantis.

Matthieu 26, 36-43

Comme Jésus imaginait sa mission, Il pensait à tout ce qu'il allait endurer et cela l'envahissait de détresse. Pourtant, Il s'adonna à la prière. Là Il trouva la puissance et la force dont il avait besoin pour traverser ses dernières heures. Ses disciples par contre ne se sont pas donnés à la prière et donc ont faibli à l'heure de leur épreuve.

Voici une autre illustration de la puissance de la prière :

On n'avait pas mangé depuis longtemps. Alors Paul, se tenant au milieu d'eux, leur dit : O hommes, il fallait m'écouter et ne pas partir de Crète, afin d'éviter ce péril et ce dommage.

Maintenant je vous exhorte à prendre courage; car aucun de vous ne périra, et il n'y aura de perte que celle du navire. Un ange du Dieu à qui j'appartiens et que je sers m'est apparu cette nuit, et m'a dit : Paul, ne crains point; il faut que tu comparaisses devant César, et voici, Dieu t'a donné tous ceux qui naviguent avec toi. C'est pourquoi, ô hommes, rassurez-vous, car j'ai cette confiance en Dieu qu'il en sera comme il m'a été dit.

Actes 27, 21-25

Par la force née de la prière, Paul refusa de faiblir et se sauva lui ainsi que ceux qui avaient navigué avec lui. Quand vous restez à genoux en prière, la force et la hardiesse se manifestent en vous dans les temps de trouble parce que vous connaissez l'aboutissement de la situation à laquelle vous faites face.

Croyez aux promesses de Dieu

Il y a rien de plus débilitant que de croire que vous combattez une bataille déjà perdue. Inversement, il n'y a rien de plus revigorant que la conviction qu'en dépit des apparences contraire, vous êtes néanmoins sûr de gagner. Jésus s'était fortifié avec cette conviction. A cause de la joie qui lui était réservée, la joie de la victoire, la joie d'attirer tous les hommes a Lui, «a souffert la croix, méprisé l'ignominie. » (Hébreux 12,2)

Paul, aussi, connaissait la nécessité de s'attacher aux promesses de Dieu. Dans Galates 6, 9, il a encouragé «Ne nous lassons pas de faire le bien; car nous moissonnerons au temps convenable, si nous ne nous relâchons pas.» Si vous voulez vaincre l'esprit d'affaiblissement, vous devez croire dans les promesses de Dieu.

Croyez en l'église

Ecclésiaste 4, 9-12 parle de la puissance qui résulte de se joindre aux autres dans le combat : «Deux valent mieux qu'un, parce qu'ils retirent un bon salaire de leur travail. Car, s'ils tombent, l'un relève son compagnon; mais malheur à celui qui est seul et qui tombe, sans avoir un second pour le relever! De même, si deux couchent ensemble, ils auront chaud; mais celui qui est seul, comment aura-t-il chaud? Et si quelqu'un est plus fort qu'un seul, les deux peuvent lui résister; et la corde à trois fils ne se rompt pas facilement. »

En attaque directe sur cette vérité biblique, l'ennemi utilise souvent la stratégie de l'isolation. Beaucoup de gens, quand ils font face au découragement et se sentent faiblir, commencent à prendre du recul par rapport à l'église; ils coupent le contact avec les autres croyants et s'enferment dans leurs maisons. Mais c'est précisément durant ces moments qu'ils ont le plus besoin de se rapprocher de la maison de Dieu pour être fortifié, encouragé et raffermi afin de poursuivre la course.

Ne sous-estimez jamais la force de la communion lorsque vous avez des combats. Quand le peuple de Dieu dans l'Ancien Testament a fait face à une bataille, il appela une armée. Ça devrait être la même chose de nos jours. L'église doit s'assembler comme l'armée de Dieu combattant pour la même cause.

J'ai appris tôt dans la vie que les meilleurs combattants ne travaillent jamais seul. Dans l'armée, peu importe l'habilité d'un soldat particulier, il comprend le besoin crucial d'avoir ses compagnons soldats pour le couvrir ou le soutenir. Ça doit être la même chose dans l'église.

Dieu seul est source de force et celui qui nous empêche de faiblir le jour du combat. Comme la Bible le dit dans Esaïe 40, 28-31 :

Ne le sais-tu pas? Ne l'as-tu pas appris? C'est le Dieu d'éternité, l'Éternel, Qui a créé les extrémités de la terre; Il ne se fatigue point, il ne se lasse point; On ne peut sonder son intelligence.

Il donne de la force à celui qui est fatigué, Et il augmente la vigueur de celui qui tombe en défaillance.
Les adolescents se fatiguent et se lassent, Et les jeunes hommes chancellent;

Mais ceux qui se confient en l'Éternel renouvellent leur force. Ils prennent le vol comme les aigles; Ils courent, et ne se lassent point, Ils marchent, et ne se fatiguent point.

CHAPITRE 11
Finir en Force

Dans Philippiens 3, 12-16, Paul a affirmé hardiment son plan de finir en force l'appel de sa vie :

Ce n'est pas que j'aie déjà remporté le prix, ou que j'aie déjà atteint la perfection; mais je cours, pour tâcher de le saisir, puisque moi aussi j'ai été saisi par Jésus Christ. Frères, je ne pense pas l'avoir saisi; mais je fais une chose: oubliant ce qui est en arrière et me portant vers ce qui est en avant,

Je cours vers le but, pour remporter le prix de la vocation céleste de Dieu en Jésus Christ. Nous tous donc qui sommes parfaits, ayons cette même pensée; et si vous êtes en quelque point d'un autre avis, Dieu vous éclairera aussi là-dessus.

Seulement, au point où nous sommes parvenus, marchons d'un même pas.

L'apôtre Paul est un des géants spirituels du Nouveau Testament. Il a écrit la plupart du Nouveau Testament et a contribué à l'établissement de nombreuses églises en Asie. Il témoigna de façon extraordinaire de la puissance de Dieu. Il a aussi souffert de trahisons, d'offenses, de bastonnades et de persécutions à cause de l'évangile. Il est un exemple solide, de qui nous pouvons apprendre, vu que nous aussi faisons cette course. Dans le passage précité, Paul nous donne non seulement le secret de son ministère, mais aussi celui de sa marche personnelle avec Dieu.

Notre marche avec Dieu est semblable à une course, et dans une course il ne s'agit pas vraiment de la manière dont nous commençons mais plutôt de la manière dont nous terminons. C'est pour cela que la bible nous dit que vaut mieux la fin d'une chose que son commencement. Si le résultat d'une course était uniquement basé sur le commencement, la plupart de nous serions disqualifiés depuis le début, en considérant notre passée, nos origines familiales et toutes les erreurs que nous avons commises en cours de route.

Certains d'entre nous viennent de familles disloquées, d'autres de relations où on nous maltraitait, certains parmi nous ont lutté avec la toxicomanie. Toutes ces choses pourraient apparemment nous disqualifier de la course. Mais grâce soit rendue à Jésus Christ qui nous a qualifiés à la course par l'écoulement de son sang au Calvaire. Il nous a donné l'espoir que peu importe la manière dont nous avons commencé dans la vie (pauvre, pécheur, ivrogne, menteur, etc.), nous pouvons finir fort. Nous n'avons pas atteint le but, mais nous sommes dans le processus. La course se déroule toujours, et nous sommes encore dans la compétition.

RECONNAISSEZ VOTRE POSITION

Avant de pouvoir passer à la prochaine étape dans cette course de la vie, que ce soit dans les affaires, les finances, les relations ou le ministère, vous devez vous évaluer. Vous devez connaitre vos faiblesses aussi bien que vos forces.

L'apôtre Paul a reconnu clairement qu'il n'avait pas encore fini sa course, mais il connaissait sa position par rapport à la ligne d'arrivée. Toutefois, beaucoup de gens ont du mal à être honnête avec eux-mêmes et de reconnaître où ils se trouvent spirituellement, émotionnellement, et financièrement, probablement parce qu'ils ne veulent pas affronter leurs faiblesses.

Dieu vous connait mieux que vous ne vous connaissez vous-même et vous aime juste comme vous êtes. Néanmoins, l'auto-évaluation est la première étape vers le progrès. Vous ne pouvez pas faire de progrès dans la course de la vie si vous refusez d'admettre que vous êtes où vous êtes maintenant. Je le vois souvent dans l'évangélisation dans la rue; les gens ont du mal à confier simplement leurs vies à Jésus Christ parce qu'ils ne pensent pas qu'ils sont des pécheurs ou refuse d'admettre qu'ils ont fait quoi que ce soit de mal.

Quand Dieu est venu dans le jardin après qu'Adam et Eve aient péché, Il posa une question à Adam pour l'aider à évaluer sa situation. Voici la question de Dieu et la réponse d'Adam : «Mais l'Éternel Dieu appela l'homme, et lui dit: Où es-tu? Il répondit : J'ai entendu ta voix dans le jardin, et j'ai eu peur, parce que je suis nu, et je me suis caché » (Genèse 3, 9-10).

Dieu est omniprésent ce qui veut dire qu'Il est partout en même temps. Il connaissait l'emplacement physique précis d'Adam. Néanmoins, Il lui posa cette question : « Où es tu? » Dieu n'a pas posé cette question parce qu'Il ne pouvait pas trouver Adam, mais Dieu voulait plutôt qu'Adam reconnaisse sa position spirituelle. Essentiellement, Dieu voulait dire, « Adam, je où tu es, mais le sais-tu? »

Même aujourd'hui, Dieu nous pose encore la même question : « Où êtes-vous? » Jusqu'à ce que nous répondions à cette question, nous ne comprendrons jamais quels sont les rajustements nécessaires à faire pour finir la course en force.

SOYEZ CONCENTRÉ

Nous vivons dans une génération qui est facilement distraite et déroutée. L'ennemi offre beaucoup d'options pour nous dérouter et nous empêcher de poursuivre la course devant nous. Je suis convaincu que la distraction est une des armes de la fin des temps que l'ennemi utilise contre l'église et le peuple de

Dieu. La distraction donne naissance à la procrastination, et la procrastination engendre des vies peu fructueuses car nous mettons de côté les choses qui nous propulseraient dans nos destins pour faire place à des distractions inutiles.

Le problème de nombreux d'entre nous est le simple fait que nous n'avons pas établie de priorités dans nos vies. On peut ne pas l'admettre verbalement, mais nous agissons certainement en conséquence. Cependant, nous devons être concentrés dans la vie, et pour être concentré, nous devons établir des priorités.

L'apôtre Paul a dit, « une chose que je fais. » Ma question pour vous est, combien de choses est-ce que vous faites? Quel est le but de votre vie? Vous devez avoir une chose en tête de votre liste de priorités et laisser tout le reste tourner autour de cette chose, et cette chose doit être le royaume de Dieu. Comme Jésus l'a dit dans Matthieu 6, 33, «Cherchez premièrement le royaume et la justice de Dieu; et toutes ces choses vous seront données par-dessus. »

Le royaume de Dieu doit être le centre dans la vie de tout croyant. Tout ce que nous faisons (carrière, école, ministère, études, famille) doit avoir un impact et un effet sur le royaume. Jésus a pointé ses disciples vers cette seule chose. Dans la vie de Paul, tout qu'il faisait était dans le but ultime de faire avancer le royaume de Dieu. Ma question pour vous est, êtes-vous concentré sur le royaume ou sur le monde? Est-ce que votre objectif est de courir après Dieu ou de courir après les biens matériels?

Chacun de nous doit examiner ses priorités dans la vie.
Matthieu 6,33 nous donne un modèle clair des choses qui sont importantes et cela devrait être le focus de nos vies. En tant que Chrétien, notre priorité majeure devrait être l'avancement du royaume. Lorsque nous cherchons son royaume, tout le reste de nos besoins seront satisfaits. Dans ma propre vie, j'ai observé

ce même principe à l'oeuvre. Toutes les fois que je me concentre à faire avancer le royaume de Dieu, j'expérimente la faveur de Dieu dans les autres domaines de ma vie.

Toutes les fois que nous nous concentrons sur une chose, nous sacrifions tout ce qui rivalise avec cet objectif. C'est ce que Néhémie a fait durant la reconstruction du mur de Jérusalem : «Je leur envoyai des messagers avec cette réponse : J'ai un grand ouvrage à exécuter, et je ne puis descendre; le travail serait interrompu pendant que je quitterais pour aller vers vous. Ils m'adressèrent quatre fois la même demande, et je leur fis la même réponse » (Néhémie 6, 3-4).

Beaucoup de choses se disputent notre attention. Si nous permettons à tout et n'importe quoi de capter notre attention, nous n'accomplirons jamais nos missions assignées par Dieu. Mais si nous restons concentrés, nous excellerons toujours.

Le but de la distraction est de nous rendre improductifs, de retarder l'accomplissement du dessein de Dieu, ou même d'empêcher la réalisation de son plan. La Bible dit qu'ils ont envoyé des messagers à Néhémie quatre fois pour essayer de le persuader de descendre du mur. Toutes les fois que nous faisons une grande oeuvre pour Dieu, nous devons être toujours prudents des choses qui réclament notre attention loin de la tâche à accomplir.

OUBLIER LE PASSÉ

Esaïe 43, 18-19 dit, «Ne pensez plus aux événements passés, Et ne considérez plus ce qui est ancien. Voici, je vais faire une chose nouvelle, sur le point d'arriver : Ne la connaîtrez-vous pas? Je mettrai un chemin dans le désert, Et des fleuves dans la solitude. »

Chaque personne a un passé qui le suit partout où il va. Votre passé peut vous être utile une fois que vous comprenez son importance, et comment le traiter dans votre chemin vers votre avenir. Malheureusement, beaucoup de gens sont bloqués dans leurs voyages vers leurs destins parce qu'ils ont mal géré leurs expériences passées.

L'apôtre Paul nous donne la meilleure manière de traiter notre passé : oubliez-le! Quand Paul parle d'oublier le passé, il veut dire que nous ne devrions pas vivre dans le passé ou penser à lui. Si nous voulons passer à l'étape supérieure dans nos vies personnelles, fonds de commerce ou ministères, nous devons apprendre à relâcher le passé.

Chaque fois que nous vivons dans notre passé, nous vivons sans Dieu, puis qu'Il est toujours dans le présent. Il a dit à Moïse de dire au peuple d'Israël qu'Il était « JE SUIS. » Tant que nous continuons à regarder en arrière, nous ne pouvons jamais voir notre chemin en avant. En retour, cela nous empêchera d'aller là où Dieu nous attend. Souvenez-vous que Dieu n'est pas dans le passé, mais dans le présent.

Chaque personne sur la terre a deux genres de passés : les échecs du passé et les succès du passé.

Les Echecs du passé

Dans mes années de ministère, j'ai découvert que l'échec du passé est une des forteresses les plus communes auquel les gens font face, même dans le corps du Christ. Un des symptômes d'une personne qui vit dans les erreurs et les échecs du passé est la personne qui blâme son passé pour sa condition actuelle, essayant de trouver des excuses pour le manque de progrès dans sa vie. Mais juste parce que vous avez échoués dans vos affaires, votre famille, vos relations, ou le ministère ne veut pas dire que vous ne pouvez plus recommencer.

L'évêque T. D. Jakes et l'évêque Paul Morton ont enregistré

une de mes chansons favorites sur un CD intitulé He-motions. La chanson est intitulée « It doesn 't matter » (peu importe), et c'est une parole puissante d'encouragement pour chaque personne qui pense aux échecs du passé. Bien qu'il semble que vous ne puissiez pas déplacer même un centimètre, vous pouvez entrer pleinement dans le plan de Dieu pour votre vie si vous laissez tomber le passé.

Quand Dieu voulait détruire Sodome et Gomorrhe, un lieu de péché, échec, fraude et déception, Il a épargné Lot et sa famille suite à la prière et à l'intercession d'Abraham. Mais voyez ce qui est arrivé dans genèse 19, 25-26 : « Il détruisit ces villes, toute la plaine et tous les habitants des villes, et les plantes de la terre. La femme de Lot regarda en arrière, et elle devint une statue de sel.»

La leçon de cette histoire est que toutes les fois que nous nous tournons pour regarder notre passé, nous nous arrêtons littéralement en chemin. Nous arrêtons d'accomplir notre objectif, nous arrêtons notre course, nous cessons d'être l'homme ou la femme que Dieu veut que nous soyons, nous arrêtons d'avancer la cause de Sion. Nous arrêtons d'atteindre nos objectifs, nous sommes à un arrêt complet. Peu importe la peine que cela nous procurera, nous devons oublier nos échecs du passé afin que Dieu puisse nous emmener dans un meilleur endroit.

Le Succès du passé

Dieu est toujours dans un mode d'accélération. Souvent, parce que nous avons expérimenté Dieu d'une certaine manière dans le passé, nous pensons que Dieu agira de la même manière aujourd'hui. Mais je ne veux pas expérimenter Dieu de la même manière aujourd'hui qu'hier. Dieu nous emmène d'un niveau de gloire à un autre. Je ne veux pas que Dieu agisse dans mon ministère aujourd'hui de la même façon qu'Il a fait dans le passe. Je veux une expérience nouvelle avec Lui.

Pourtant, il y a malheureusement des gens qui passent leur éternité à parler de leurs succès et exploits passés, en dépit de ce qu'Esaïe 43, 18-19 enseignent : «Ne pensez plus aux événements passés, Et ne considérez plus ce qui est ancien. Voici, je vais faire une chose nouvelle, sur le point d'arriver: Ne la connaîtrez-vous pas? Je mettrai un chemin dans le désert, et des fleuves dans la solitude. » Dieu nous dit que si nous voulons marcher avec Lui et entrer dans la prochaine dimension, nous devons désirer ardemment de l'expérimenter à un degré supérieur comparé à que ce que nous avons jamais expérimenté auparavant. Nous devons voir plus haut et avancer.

Ne vous stationnez pas dans votre vie de prière précédente, mais désirez une fraîche et nouvelle expérience avec Dieu. Laissez-le vous défier plus et allez en profondeur avec Lui. Comme Paul a préconisé, continuez à aller de gloire en gloire avec Dieu (2 Corinthiens 3, 18).

Dans notre passage de Philippiens, Paul a dit qu'il court vers le but. Dieu a mis devant nous des ministères, des âmes, des jeunes adultes à gagner et sur lesquels avoir un impact, des nations, des bourses d'études, des mariages, des enfants et beaucoup d'autres grandes choses. Cherchons-nous à atteindre tout qu'Il veut faire dans nos vies? Hébreux 12, 2, en parlant de Jésus, dit, « qui, en vue de la joie qui lui était réservée, a souffert la croix. » Est-ce que nous pouvons dire la même chose?

Dans Josué 1, 1-2, Dieu a dit à Josué que Moïse, son serviteur, était mort. Une des raisons pour lesquelles Dieu a dit cela était dû au fait que Josué pleurait toujours la mort de Moïse. Dieu n'est pas contre le deuil, mais Il se rendit compte que Josué et le peuple d'Israël avaient commencé à vivre dans le passé et n'avançaient plus pour aller posséder la terre promise.

POURSUIVEZ

Quand je vois le mot poursuivre, j'imagine que la pression est exercée sur quelque chose. Dans un sens spirituel, ça indique que la vie ne sera pas toujours facile, et quelquefois nous aurons envie d'arrêter ou d'abandonner. Il y aura toujours de l'opposition spirituelle, physique et beaucoup d'épreuves. Néanmoins, Hébreux 12, 1-2 nous montre comme poursuivre : « Nous donc aussi, puisque nous sommes environnés d'une si grande nuée de témoins, rejetons tout fardeau, et le péché qui nous enveloppe si facilement, et courons avec persévérance dans la carrière qui nous est ouverte, ayant les regards sur Jésus, le chef et le consommateur de la foi, qui, en vue de la joie qui lui était réservée, a souffert la croix, méprisé l'ignominie, et s'est assis à la droite du trône de Dieu. » Premièrement, nous avons besoin d'endurance, ou persévérance, pour continuer la course devant nous. Ensuite, comme nous courons, nous regardons à Jésus, en restant concentrer sur Lui comme étant le modèle de la manière dont on se saisit de la promesse.

Paul a dit dans Philippiens 3, 15-16, « Nous tous donc qui sommes parfaits, ayons cette même pensée; et si vous êtes en quelque point d'un autre avis, Dieu vous éclairera aussi là-dessus. Seulement, au point où nous sommes parvenus, marchons d'un même pas.» « Marchons d'un même pas » signifie que la Parole de Dieu est notre réglementation. Tout que nous faisons doit s'aligner à la parole. «Ayons cette même pensée » fait référence à avoir l'esprit de Christ qui dit toujours « pas Ma volonté mais Ta volonté Père. » Cherchons la gloire de Dieu en toute chose, évoluons ensemble comme un corps. Ayons la même confession que Dieu pour nos vies et nos ministères. Ce n'est qu'alors que cette génération de la fin des temps se lèvera pour accomplir les oeuvres grandes et puissantes que Dieu lui a réservé.

POUR CONTACTER L'AUTEUR

Apôtre Chris Fire est disponible pour les croisades, conférences and enseignements.

CHRIS FIRE MINISTRIES

P.O BOX 6

BOYDS MD 20841

www.Chrisfire.org

Phone: 240-232-6126

Follow us :

facebook.com/revivalrcm

Instagram.com/fire3chris

Tweeter.com/fire3chris

Periscope/fire3chris

Made in the USA
Middletown, DE
07 November 2022

14303279R00056